株式投資で成功する人だけが知っている

3つの法則

少額投資からでも始められる!

中野稔彦
Toshihiko Nakano

フォレスト出版

はじめに

本書をお読みいただき、ありがとうございます。

私が証券市場に身を投じてから、おおむね半世紀が過ぎようとしています。

大和証券グループ時代には、数々の大型投資案件を手掛けました。独立後は一転して、一般投資家を対象に、長年培《つちか》ってきた知識、経験を伝える仕事に従事しています。

そこで痛感したのは、大きな投資資金を用いて行う投資手法と、一般人向けの少額投資の手法との違いでした。それは真逆《まぎゃく》と断じていいほどのもので、本書を出版するおおいなる動機にもなりました。

本書は、少額の株式投資をこれから始める人たちに向けたものです。できるだけわかりやすい内容にするために、本文中に主人公の「私」と指南役の「女神」を設けて、物語を展開していく方法を試みました。

話を進める前に読んでいただきたいものがあります。

以下は、自らの経験から導き出した、一般投資家の株式投資に対する具体的な数字を挙げたうえでの鉄則です。これを私は**「株式投資の3つの法則」**と名づけました。


〈法則1〉予備軍を含めて30銘柄を常に選出し、相場の流れを見て変更を加える。

〈法則2〉選出銘柄のチャートを日々15分ほど閲覧し、「N字型」「W字型」など銘柄の転換点を見つけて投資する。投資した後は、「逆指値《ぎゃくさしね》注文」をして投資資金の保全をする。

〈法則3〉クォーター（3カ月）ごとに投資資金の10％アップを目標とし、年間で40％アップ以上、2年間でおよそ手持ち資金が2倍となるようにする。


なぜこの3つにたどり着いたのか？

その背景には、世の中の投資家には大づかみに2分類されるという紛《まぎ》れもない現実があるからです。

それは極端にいえば、手持ち資金の多寡《たか》です。

具体的には3000万円以上の資金力を誇る投資家と、軍資金300万～400万円以下の少額資金を投資に向ける人たちとなります。そして当然ながら、その割合は圧倒的に後者が多いでしょう。

どう考えても、この両者が試みる投資方法は違ってしかるべきなのです。

そこで私はこう考えます。富裕投資家については、近年の流行語にもなったテンバガー（10倍成長が期待できる）株狙い、お金を寝かせるだけのほったらかし投資、あるいはインデックス投資などにトライすればよいのだと。どうぞご勝手に。

しかしながら、これらの投資法はなけなしの少額資金に頼る投資家にはまったくそぐわない、不向きであるといわざるを得ません。

時間のスパンの捉え方にも雲泥《うんでい》の差があり、少額投資家がなすべきことは富裕投資家とは真逆といえます。

それを要約したものが、冒頭に掲げた**「株式投資の3つの法則」**なのです。

けれども、これらは決して高いハードルではなく、慣れてしまえば、そうわずらわしいものでもありません。

「株式投資の3つの法則」をさらにかみ砕いて提示します。

〈1〉株式投資という行動をスタートするまでには入念な準備が不可欠。

〈2〉決して手元資金を減らさないための基本行動。すべてはここに集約される。それは投資したいときに投資資金が枯渇《こかつ》する状況を招かないため。

〈3〉決してブレてはならない、投資の目的と具体的な目標の確認。

投資対象銘柄を選択する際、もっとも肝要なのは、相場に「うねり」を出現させる銘柄をあらかじめ絞り込むことです。ここが決め手です。

これには銘柄の継続的注視が絶対条件で、常に30銘柄をプールしておき、同時にチャートを解析しながら、投資タイミングに備えます。

30銘柄のチャートを確認するために必要な時間は、慣れてくれば1日15分程度です。

なぜそうするのか？　継続的に業績拡大を実現し、ビジネスの拡大再生産を果たせる企業は、上場企業3234社（2024年9月末現在）のなかでもそう多くはないからです。

このあらかじめの努力と地味な作業がきわめて重要で、株式投資の成否を大きく左右します。

そして、将来発生するに違いない、銘柄選択に対するストレスを間違いなく極小化するのです。


私は数々の学びを通して、株式投資とは理性を保ち続ける者にのみ幸せをもたらすものと考えるようになりました。

幸いにも、われわれ個人投資家は21世紀に入ってから、それまでなかった**「逆指《ぎゃくさし》値《ね》注文」**という最大の武器を手に入れました。

「逆指値注文」とは何でしょうか？ **手持ちの株価が上昇し、指定した値段以上になれば買いに、逆に株価が下落し、指定した値段以下になれば売りとする注文方法**のことです。

第1章から第4章をじっくり読み込んでほしいのですが、逆指値注文は個人投資家にとって天敵である手仕舞《てじま》い時のストレスを大幅に和らげてくれる、実にありがたいシステムなのです。

言葉を置き換えると、逆指値注文という天啓《てんけい》とも思えるシステムは、欲にとりつかれた人間がもっとも陥《おちい》りやすい未練という感情を洗い流してくれる、正気に引き戻してくれるといっても過言ではありません。


2024年8月1日を境に荒れ狂った日経平均株価の前代未聞の動きに、日本の投資家はみな翻弄《ほんろう》されました。

当時の私は、こんな見立てをしていました。
①アメリカの雇用統計や景気指標の下振れの影響
②日銀の利上げと追加利上げを匂わせたことの影響（いわゆる植田ショック）
③円キャリートレードの巻き戻しの影響
おそらくアメリカ経済のソフトランディング予測が揺らぎ、短期マネーが売りを強烈に促したけれど、早晩、長期マネーを扱う海外勢が買いを入れてくるだろう。ここは様子見を決め込もうと。

こんなに冷静に狂乱相場を静観することができたのは、逆指値注文のおかげでした。

やがて日経平均はいわゆる半値戻しとなり、再び4万円を目指しています。私はその間、逆指値注文の出動でストレスなく過ごせたというか、平気の平左の心持ちで過ごせました。


本書は、冒頭に申し上げたように、主人公の「私」と指南役の「女神」を設けて物語形式で展開していきます。

第1章から第4章の冒頭までは、「女神」が授けた「株式投資のバイブル」が書かれています。そして、第4章の途中から第6章までが「私」の投資実践例を書きました。

第1章では、株価の変動はなぜ起きるのか、投資で成功するカギとは何なのか。そして、銘柄選択の方法、手仕舞いをするときのストレスのない方法など、投資の重要な基本を書いています。

第2章、第3章は、投資の「海図」ともいえるチャートについて書きました。

ことに重要なのは、日本が生んだチャート「ローソク足」を使って、相場の転換点、言葉を変えると、「買い」と「売り」のタイミングを見つける抜群の方法を展開しています。「買ったら下がる、売ったら上がる」といった経験を持ちの方にはぜひお読みいただきたいところです。

第4章は、投資を始めるための準備について書いています。自分の投資金額に応じた分散投資の方法や銘柄選択の方法、収益目標の立て方などを、「私」を主人公にして実践例として書きました。「備えあれば憂いなし」といわれるように、刹那《せつな》的な投資では成功はおぼつきません。

第5章と第6章は、「女神」が授けた「株式投資のバイブル」にのっとって、主人公の「私」が行った投資実践例を展開しています。

具体的に、投資銘柄がどのような動きをして利益を得たか。さらに、陥りがちな大失敗例も織り込みました。

第7章は、この物語の番外編として、一般にいわれている「投資の格言」を現代風に読み解いています。

本書は、証券市場に身を置いて半世紀近く経つ私が、つたないけれど貴重な経験を伝えるために書き下ろしたものです。

読者のあなたに、多くの気づきをもたらすことを願う次第です。

２０２４年11月　東京

中野稔彦

※下記のＱＲコードを読み取ると、中野稔彦の「相場の深層レポート」と、「30銘柄の候補例」をご覧いただけます。

株式投資で成功する人だけが知っている3つの法則

目次

はじめに 1

プロローグ 株式投資の女神との出会い

金の投資、銀の投資、ブリキの投資 18
女神は「目的」と「資金」を聞いてきた 20

第1章 株式投資はじめの一歩

女神の投資バイブル①

株式投資で成功する法則とは 28
株は「高い」「安い」ではなく「強い」「弱い」で考えよ 29
なぜ株価は上がったり下がったりするのか 32
成功のカギは相場の均衡が崩れるタイミングにあり 36
「手仕舞い時」と「銘柄選択」のストレス緩和策 39

投資目標を明確にする 46

第2章
女神の投資バイブル②
確実に利益を出すチャート攻略法

日本が生んだ「ローソク足」は世界最古のチャート法 52
ローソク足の動きは何を意味するのか 54
株価上昇の指標となる「ケツ上げ」とは 55
「N」の成立とは？ 「W」が出現するとは？ 57
利益の確定に重要な「ブリッジ」と「同幅二段上げ」 60
相場の反転下落を示唆する「包み足」と「ラッパ足」 65
チャートに関する質問に女神が答えてくれました 69

第3章
女神の投資バイブル③
移動平均線で相場の未来を読む

海外で使われる「移動平均線」とは何か？ 74

売買のシグナル「ゴールデンクロス」と「デッドクロス」 76
相場を読むのに活用したい「一目均衡表」 80
お金の動きは企業の熱に左右される 84

第4章 投資を始める前に準備すること

女神の投資バイブル④ 投資の実践編①
まず時間軸と利益目標を設定する 88
利益を左右する「投資候補銘柄」の選び方 90
300万円を投資資金と決める 94
6つの指標を立てて投資候補銘柄を選択する 96
第一次選抜の投資候補銘柄が決定！ 101
少額投資の原則は「集中投資」に限る 105
最大のリスクを回避するのが「逆指値注文」 107
新時代の資産三分法は「現金」「株」「NISA積み立て投資」 110

第5章

投資の実践編②

実践！「私」の株式投資の結果

10銘柄から3銘柄に絞り込む 116
先発はキヤノン、三菱重工業、野村ホールディングス 118
10万円の利益に対する女神の評価と忠告とは 122
半年で利益目標120万円を達成！ 128

第6章

投資の実践編③

失敗から学んだ投資の鉄則

女神に逆らい「逆指値抜き投資」に挑戦 144
仕事中も株価が気になりストレス倍増に 146
女神が勧める「貧者の投資手法」を再確認 152
少額投資に最適な方針を決定する 156
「S&P500」「日経225」にも投資 158

第7章 番外編 覚えておきたい「投資の格言」の真偽について

「投資の格言」の意味するところを理解しよう 164
「落ちてくるナイフはつかむな」の真意とは 173
『会社四季報』の読み方と決算時の注意点 177
「カラシニコフ流」投資の最大の眼目は流通性にあり 180
株式投資とゴルフが似ているのはなぜか 182

おわりに代えて

「大恐慌」「バブル崩壊」「リーマン・ショック」 192
お金自身が喪失しないかぎり暴落は起きない 195
益回りと国債金利の金利差を判断基準に 197

株式投資には「金の投資」と「銀の投資」、
そして多くの人が陥る「ブリキの投資」の
三段階の投資家レベルがある

プロローグ

株式投資の女神との出会い

- あなたの株式投資の目的は何なのか?
- 投資に使える資金はどの程度あるのか?

◆金の投資、銀の投資、ブリキの投資

いったいここはどこなのだろうか？　どうやら薄暗い森のなかのようです。

本年45歳になる私は、何かを探そうとしていました。それはこれからの自分の人生を豊かにするものであり、家族や社員数名の生活を守るためにも必要なものでした。どこへ行けば見つかるのか、何をすればいいのか？　それを求めて私はこの森のなかをさまよい歩いていたようです。

しばらくよろよろと歩いていると、目の前に小さな沼が現れました。のどが渇いていた私は、沼に顔を近づけてみました。

透き通るようなきれいな水ではありませんか。

「ああ、うまそうだ」と私は体を乗り出して、水を飲もうとしました。その瞬間、私は沼のなかに転げ落ちてしまったのです。

「意外に深いぞ」

泳ごうとしたのですが、着ている衣服や靴のせいで自由に体が動きません。もがけ

ばもがくほど体が沈んでいき、おかげで嫌というほど水を飲む羽目に。やがて、もがき疲れて全身から力が抜け落ちてしまいました。

すると、遠くから誰かがささやいているのが聞こえてきました。女性の声のようですが、よく聞き取れません。私はじっと聞き耳を立てました。すると、次第にその声が明瞭になってきました。

「あなたが探しているのは『金の投資』ですか、『銀の投資』ですか？　それとも『ブリキの投資』ですか？」

何のことをいっているのか、最初はまったくわかりませんでした。しかし、女性の声は、繰り返し同じことを尋ねてくるだけです。

「あなたが探しているのは『金の投資』ですか、『銀の投資』ですか？　それとも『ブリキの投資』ですか？」

ようやく投資にまつわる質問だと理解した私はこう叫びました。

「そりゃあ、『金の投資』に決まってますよ！」

その瞬間に目が覚めました。

こんな夢を見たのは、昨晩、自分が株で失敗したことを先輩に聞いてもらったことが原因かもしれません。あまりに悔しくて、何杯も安酒をあおったことを思い出しました。

よく家に帰り着いたものだ。先輩と何軒か飲み歩いたはずだけれど、断片的にしか覚えていません。

「支払いはどうしたか?」「タクシー代は?」どうにも記憶にないのです。

不安に駆られた私は、昨晩着ていたスーツのポケットをまさぐってみました。するとポケットから「金の投資」「銀の投資」「ブリキの投資」と書いたメモが出てきたのです。たしかに私の筆跡でした。

私は早々に先輩に電話をかけました。

◆女神は「目的」と「資金」を聞いてきた

先輩から紹介された事務所は、東京メトロ東西線の東陽町駅にほど近いマンション街の一角でした。インターフォン越しに来意を告げるとドアが開き、年齢不詳の女性

TOPIX
ヌマァァァァァ

が迎えてくれました。

客間に通された私は、自分の名刺を差し出しました。

「△△先輩の紹介で伺った〇〇といいます。姫沼先生はお見えでしょうか」

「先生ではないけれど、私が姫沼です」

「あのー、投資の件で……」

そこで彼女の口から出てきたのが例のセリフでした。

「あなたがお探しの投資は『金の投資』ですか、『銀の投資』ですか、それとも『ブリキの投資』なのかしら?」

昨夜、沼に落ちた夢、メモ書き、そしてたったいま目の前で聞いた彼女の言葉……。符丁《ふちょう》が合うという言葉が頭の隅に閃《ひらめ》いた私は、「この人は自分にとって投資の女神になるかもしれない。あれこれ指図されるのだろうが、とにかく話を聞いてみたい」と思いました。

「姫沼先生、投資に『金』とか『銀』とか『ブリキ』とか、ほんとうにあるんですか?」

「ありますよ。もっとも、ほとんどの人がブリキにさえたどり着かないことが多いけれど」

ここからは姫沼先生のことを女神と呼ぶことにします。女神は笑いながら応じました。そして私に向き直ると、こう促してきたのです。

「ところで、○○さんは、何をしたいんですか。目的は何？　手段として投資に使える資金はどの程度あるの？　すべて大事なことです。まずはそれを聞かせてください」

私は、ありのままを伝えました。

「将来に備えたいんです。保険とか貯金はそこそこしています。そうだ、ｉＤｅＣｏ《イデコ》（個人型確定拠出年金）もやっています。家族や子どものことを考えると、なんだか不安なのです。正直いって、投資でもっといい人生を送れないかと考えているんです」

女神から畳みかけるように聞かれました。

「お仕事は？」

「自分で小さな会社を経営しています。ようやく社員も４人に増えたところです」

「会社の売り上げはいかほど？」

「年間１億円に届くかどうかでしょうか」

「そう。それでは、あなたが自由に使えるお金は多くても500万円くらいかしら?」

「いや、もうすこし少ないかもしれません。いろいろな勉強会にも参加していますし、ゴルフのつきあいもあります」

「いくらでもいいのですが、いったん決めたら、その金額は年間通して死守することが基本です。そうしないと大きな成果は上げられませんから」

「厳しいんですね。お金に余裕があるときにちょこっと儲けるなんてわけにはいかないんですか?」

そんなムシのいい軽口を叩いた私に対し、女神はあからさまに表情を硬くしました。

「そういう投資をしたいなら、そうすればいいだけの話です。それは『ブリキの投資』以下になります。それなら私の出番はないから、どうぞお引き取りください」

女神のいうとおりでした。

「す、すみません。ほんとうにごめんなさい」

動揺した私は口ごもってしまいました。

「自分はちゃんとした投資をやりたいんです。姫沼先生、どうか『金の投資』『銀の投資』を教えてください」

女神の機嫌を損ねないよう懸命に詫びるしかありません。

しばらくして、女神の口調が穏やかさを取り戻したようでした。

「△△さんの紹介でもあるし、無下《むげ》にはできませんしね。わかりました。では一緒にやりましょう。でも大事なのは、自分で考える習慣をつけることです。なぜなら、投資は受動的に行うものではなく、主体的に行うものだからです。ついてこられますか」

「もちろんです」

私は努めて明るく返しました。

いったん別室に消えた女神が紙袋を携えて戻ってきました。

「まずこれを読んで勉強してください。質問はその都度でもいいけれど、できたら最後まで勉強した後のほうが、わかりやすいと思います」

そういって、女神はやや厚めのレジュメを手渡してくれたのです。それが私にとって株式投資のバイブルになったことはいうまでもなく、いまもことあるごとに読み返しています。

そこで、以下、第4章の冒頭まで、女神から授かった株式投資のバイブルの中身をご紹介します。

ここが成功のポイント

◎投資の目標を明確にすることが大切。
◎投資に使える自己資金がどの程度あるかを確認しておくことが第一歩。
◎いったん決めた投資資金は年間通して死守しよう。

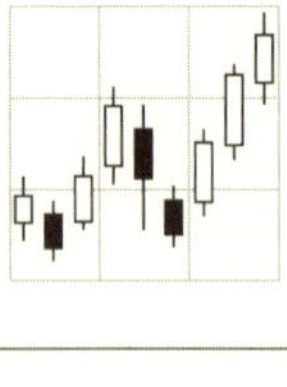

株式投資成功のカギは、
相場が「需要」と「供給」の関係で
均衡が崩れるタイミングを
捉えられるか否かにある！

第１章

女神の投資バイブル①

株式投資
はじめの一歩

- なぜ株価は上昇と下降を繰り返すのか？ その転換のタイミングを見極めるにはどうすればよいのか？
- 銘柄選択の最善の方法とは何だろう？
- 売買でストレスのない投資方法とは何だろう？
- なぜ投資目標を明確にしなければならないのか？

◆株式投資で成功する法則とは

なぜ多くの株式投資家が、株式を買えば下がり、売れば上がるという状態を繰り返しているのだろうか。

たしかに、推奨銘柄を教えてくる情報や、マスコミで取り上げられた株を買って利益を出した経験をもつ人もいるだろう。

しかし、長きにわたって株式投資で成功する人は、こうした情報に右往左往はしない。なぜならば、これから伝える**「株式投資の３つの法則」**を着実に守り、実行しているからである。

バイブルを読み始める前に、３つの法則をあなたに伝えて投資活動の門出としよう。

〈法則１〉予備軍を含めて30銘柄を常に選出し、相場の流れを見て変更を加える。
〈法則２〉選出銘柄のチャートを日々15分ほど閲覧し、「N字型」「W字型」など銘柄

の転換点を見つけて投資する。投資した後は、「逆指値注文」をして投資資金の保全をする。

〈法則3〉クォーター（3カ月）ごとに投資資金の10％アップを目標とし、年間で40％アップ以上、2年間でおよそ手持ち資金が2倍となるようにする。

※文章の上部に〈法則1〉〈法則2〉〈法則3〉という目印を添え、下部の文章にラインを引いた。いずれも「3つの法則」に関する重要な内容なので、注意して読み進めてほしい。

◆株は「高い」「安い」ではなく「強い」「弱い」で考えよ

安いときに買って高いときに売る。これは株式取引にかかわらず、およそすべての取引の基本原則といえる。

もう一つの取引の基本原則は、物の価値は「需要」と「供給」のバランスにより決定しているということだ。

「高い」ということは、需要が供給よりも「強い」こと。

だから、需要が供給よりも多いときに価格は高くなる。一方、需要が乏しく供給が十分にあるときには、価格は安くなりがちだ。

そして株式が農産物や消費財などと決定的に異なるのは、株式は常に変化していること。株式を発行している会社は必ず事業を行っており、その事業は常に拡大再生産を目的としている。しかし、その目的通りに事業運営が進むとは限らない。

つまり、株式は常に変化しており、その価値も常に変化しているということだ。われわれが持ち合わせる「高い」「安い」という感覚は、モノの価値が一定であるという価値観がルーツとなっている。価値が一定であるため、その対価が「高い」か「安い」かという考えに収斂《しゅうれん》する。

しかし、株式の価値は常に変化していると考えると、株式の価値が事業の成功や革新によって増加した場合、株価は「高く」なる。株式が生み出す利益が拡大する可能性が高くなるからだ。

そのため需要が拡大し、価値を向上させるという理屈である。そのため、株価を「高い」「安い」で考えていると、株式の変化に対応することができなくなる危険性が生じる。

株価をあまり変化しないものと捉えていると、株価が上昇したときに「高い」と感じてしまうことから、投資を見送りがちになる。株価が「高い」から「より高く」変化していく状態に対応することが遅れてしまうのである。

反面、会社側がもたらした何らかの悪材料で株価が「安く」なったとき、従来の「高い」株価というつかみに惑《まど》わされ、「得である」「買い頃」と判断しがちになる。

つまり、株式の需要が減少し、そのために株価が下落しているという事実への対応が遅れてしまうのだ。


よく、「株を買えば下がる、売れば上がる」と嘆く投資家がいるが、それは、その株式の価値の変化を「高い」「安い」で考えているからではないだろうか。

株価が高くなるときは、需要が増加して、「強い」動きになっていると考えるべきなのだ。そして株価が安くなっているときには需要が減少し、売り物という供給が増加する「弱い」状況になっていると考えるべきだ。

◇なぜ株価は上がったり下がったりするのか

〈理由1〉株価は「需要」と「供給」のバランスで決定される

市場で「供給」（売り）が強い状態が続くと、株価は「弱い」状態が続き、株価は下落を続け、次第にこれ以上は下がらないという株価で安定するようになる。

これが「需要」と「供給」がその会社の業績など事業の状況に対して均衡《きんこう》している状態といえる。

しかしながら、会社とその事業は、常に変化している。均衡状態で株価が動かない状態のほうが異常なのだ。

〈理由2〉会社の事業の変化に対応して、「需要」「供給」の均衡関係が少しずつ変化していく

業績が好転し始める場合、株式への「需要」が次第に増加していく。安い株価で「供給」があれば、すぐに「需要」がそれを満たす。

つまり、低位安定していた株価の安値《やすね》が次第に切り上がっていく。「需要」が拡大しているため、「供給」が出れば随時消化していくからだ。

〈理由3〉 会社の事業が好調であるという情報が市場に浸透し始めると、「需要」はさらに拡大していく

いままで慎重に「供給」される分だけを株価を上げずに購入してきた「需要」側は、従来より上値《うわね》で「供給」される株式に投資せざるを得なくなる。

需要側が次第に拡大してくると、特徴的な株価の動きが出てくる。均衡状態だった株価が新たな均衡を求めるように変化が始まるからである。

〈法則2〉

「N」字型のような「ローソク足」を形成することが多くなる。「N」字型とは、「2日前の株価より翌日の株価が下落しても、その次の日に2日前の株価の高値《たかね》を抜いて上昇する」形のことだ（**図表1-1参照**）。

「N」字型が何度か出現するときに、株価は上昇を開始することが多くなる。

〈理由4〉　株価が上昇するにつれ、「需要」が加速度的に増加する

会社の事業の変化などを認識していた最初の投資家は、さらに「需要」を増加させるが、それ以上に、株価が上がることにより投機的な投資家が参加してくる。

そのため、株価の上昇が加速される。現象としては、株価の高値も上昇するが、安値が切り上がっていく（図表1‐2参照）。

上昇が継続するときには、安値が切り上がり続ける。それは、「需要」が継続的に入ってくるからだ。

〈理由5〉　株価の転換は、「需要」と「供給」のバランスが崩れることで起きる

株価の上昇により、当初からの投資家の利益が目標に到達する。あるいは、当初からの事業変化などから計算した株価水準に到達した。これらの理由により、「需要」側の投資家が「供給」側に転換するのである。

その瞬間は実に明確だ。

それまで「安値が切り上がる」状態が、「安値を簡単に切り下げる」状態に転換することで確認することができる（図表1‐2参照）。そのタイミングで売買を執行《しっこう》（取

図表1-1　「N」字型ローソク足（日本電信電話[9432]週足/2022年10月～2023年10月）

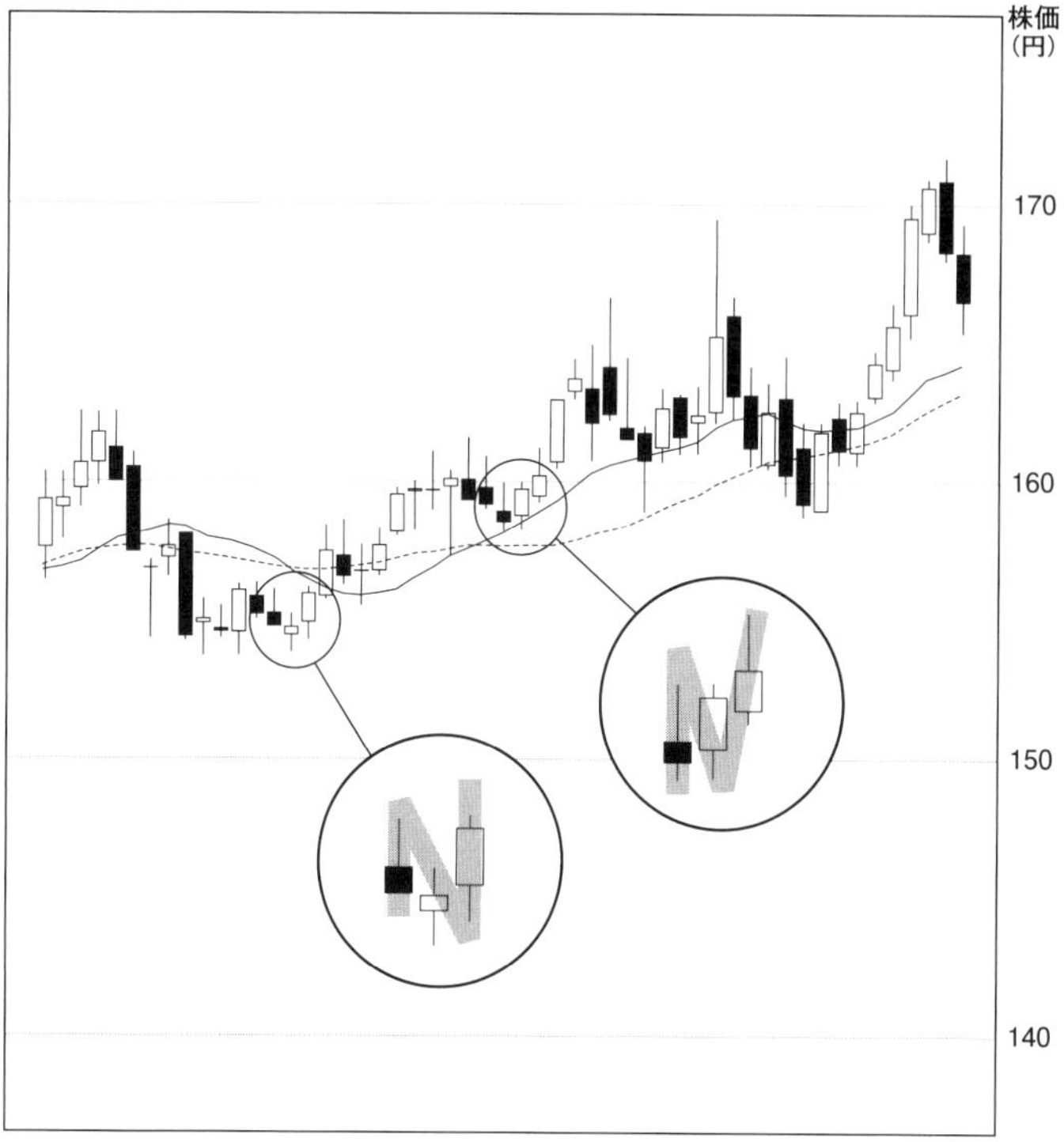

「N」字型とは、「2日前の株価より翌日の株価が下落しても、その次の日に2日前の株価の高値を抜いて上昇する」形のことである。「N」字型が何度か出現するときに、株価は上昇を開始することが多くなる。

引所などに注文を出すこと）できる仕組みがある。それを「**逆指値注文**」と呼ぶ。

その後、株価は売り需要により、買い需要と均衡する水準まで下落する。均衡点に到達すると、再び動意《どうい》（上昇の気配を見せること）の起点となる。

〈理由6〉　株価は均衡と不安定を繰り返す

相場として、起点と終点の株価水準は、異なることが多くある。

その会社の業績が右肩上がりの拡大基調であれば、終点の株価は起点の株価よりも高いことが多くなる。

かくして、何度か買い需要、売り需要の均衡と不安定を繰り返して株価は変動し、その価値を上げていくのである。

◆成功のカギは相場の均衡が崩れるタイミングにあり

ところで、「買い需要」「売り需要」を生み出しているのは何だろうか？

答えは「お金」だ。資本主義の根本とは、元金を事業を通じて増殖させていくこと

図表1-2　「安値切り上げ」と「安値切り下げ」（日本電信電話［9432］週足/2023年11月〜2024年8月）

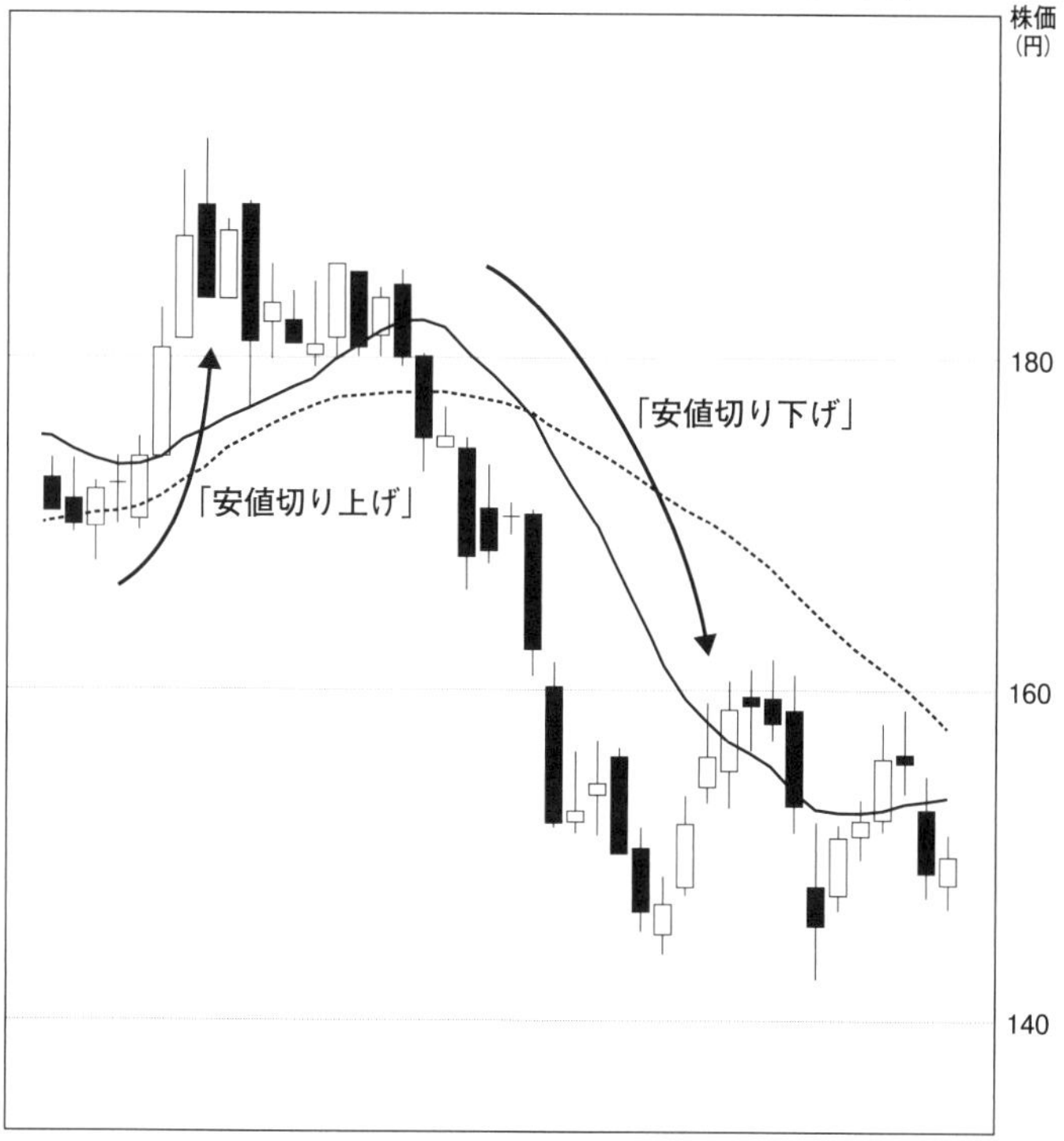

株価が上昇するにつれ、「需要」が加速度的に増加すると、株価の高値も上昇するが、安値が切り上がっていく（安値切り上げ）。その後、投資家の利益が目標に到達するなど、「需要」側の投資家が「供給」側に転換すると、安値が切り下がる（安値切り下げ）。

である。

増殖の比率が高ければ高いほど〝よし〟とされる。

そのため、お金の量は年々増加していく。事業で使われないお金は、増殖の機会を求めて、世界中を駆け回るのである。

水が高いところから低いところへ流れるように、お金は期待利回りが低いところから高いところへ流れる性質がある。

水が堤防などの防水施設でせき止められるように、お金は元金が棄損《きそん》するリスクによって、移動が妨《さまた》げられる。より高い期待利回りを求めて、株式市場にお金が大量に流入するのだ。

流入したお金が高い期待利回りを求めて投資されるのが「株式」である。

高い期待利回りを実現するために、買いから入るときは「買い需要」となり、売りから入るときには「売り需要」となる。

このお金の動きが相場を形成するのだ。

繰り返しになるが、お金の侵入を妨げるのはリスクである。リスクを回避するために、お金は量が増えれば増えるほど、より慎重に、より保守的に動く。

相場の初動段階で株価が少しずつ動くのはそれが理由だ。均衡が崩れて相場がどちらかに動き出したときには、買い需要、売り需要ともに、仕込みが終了しているサインだと考えるべきだ。

そして均衡を崩して、相場を過熱させるのは、通常、個人投資家だ。なぜ相場がそのような動きを見せるのか。その概略さえ理解していれば、投資で大きな失敗をすることは大幅に減少すると思う。

〈まとめ〉
①株式相場は、均衡と不均衡が交互に起きることで生まれる。
②株式投資は、均衡が破れるタイミングで行うことが成功の蓋然《がいぜん》性を高める。

◇「手仕舞い時」と「銘柄選択」のストレス緩和策

株式投資は、①銘柄を選択する、②投資をする、③手仕舞いをする、この3段階で行われる。

3段階それぞれでストレスがかかるのだ。株式投資を長く続けるためには、このストレスを軽減することが必須となる。それぞれの軽減方法を以下に記載する。

もっとも難しいとされる「手仕舞い（買いから入れば売りどき、売りから入れば買い戻しどき）」は、実は最大級のストレスがかかる。しかし、21世紀に入り、各証券会社がシステム対応を進めて、先に記した**「逆指値注文」**という手法を編み出してくれた。

この仕組みを活用することで、「売り逃し」「売りそびれによる塩漬け」などのリスクを回避することが可能になったのである。それによって、「手仕舞い時のストレス」は大幅に緩和することができるようになった。

投資した銘柄には、常に「逆指値注文」で売りを出しておく。「逆指値注文」に抵触するときは、相場の流れが転換する兆しである。「炭鉱のカナリア」のように、危機を未然に教えてくれるもので、投資資金を保全するための必須作業である。

先に記したことの繰り返しだが、われわれ少額の株式投資家にとって最悪なのは、投資したいときに資金が枯渇《こかつ》する状況にほかならない。それをリスクヘッジしてくれるのが「逆指値注文」なのだ。こんなにありがたいシステムを活用しない手はない。これも**「株式投資の3つの法則」**の〈法則2〉に掲げている。

「投資銘柄の選択」にもきわめてストレスがかかる。

ストレスの原因は、対象とする上場銘柄が多いこと。利益を上げられるような銘柄を選択しているかどうか常に不安であること。上昇している銘柄、人気のある銘柄にはメディアの報道が多いが、投資タイミングと報道のタイミングが必ずしも一致しないことなどが挙げられる。

そのストレスの原因は、投資家の多くが投資銘柄の選択を、その折々に受動的に行っていることに他ならない。

ストレスを解消するためには、あらかじめ自身の投資対象銘柄を選択して、プールしておくことだ。自身の投資資金に応じて銘柄を選択しよう。投資資金ごとの投資候補銘柄案は以下のとおりだ**(図表1-3、1-4、1-5参照)**。

図表1-3　投資金額別・投資候補銘柄 ①

投資金額50万円の場合（株価は2024年9月13日終値）

①投資をするのは3銘柄
②単位株（証券取引所で売買するときの最低株数）以上で投資をする
③必然的に単位株の株価は1,500円以下となる。
④また、複数単位を買うためには、単位株価の安い銘柄を選択すること

1	日本電信電話（9432）	148.8円
2	NTN（6472）	248.6円
3	日本板硝子（5202）	342円
4	住友化学（4005）	386円
5	コニカミノルタ（4902）	405.2円
6	LINEヤフー（4689）	412.1円
7	オンワードホールディングス（8016）	522円
8	王子ホールディングス（3861）	568.5円
9	五洋建設（1893）	590.3円
10	東京電力ホールディングス（9501）	638.3円
11	ツバキ・ナカシマ（6464）	670円
12	東洋エンジニアリング（6330）	676円
13	東レ（3402）	744.6円
14	野村ホールディングス（8604）	764円
15	コンコルディア・フィナンシャルグループ（7186）	785.6円
16	三井ハイテック（6966）	858.2円
17	日清紡ホールディングス（3105）	902.3円
18	ニッスイ（1332）	910.3円
19	楽天グループ（4755）	946.3円
20	東急不動産ホールディングス（3289）	954.9円
21	出光興産（5019）	987.1円
22	清水建設（1803）	999.4円
23	三菱UFJキャピタル（8593）	1,023円
24	高島屋（8233）	1,120.5円
25	パナソニックホールディングス（6752）	1,202.5円
26	ヤマハ発動機（7272）	1,248.5円
27	三菱UFJフィナンシャル・グループ（8306）	1,451円
28	ホンダ（7267）	1,472円
29	乃村工藝社（9716）	806円
30	ローム（6963）	1,481円

図表1-4　投資金額別・投資候補銘柄 ②

投資金額100万円の場合（株価は2024年9月13日終値）

①対象銘柄の単位株価を3,000円まで上げる

②50万円以下で選定した銘柄と入れ替えていく

1	ヤマトホールディングス（9064）	1,620円
2	JFEホールディングス（5411）	1,858円
3	京セラ（6971）	1,696円
4	アステラス製薬（4503）	1,705円
5	小田急電鉄（9007）	1,720円
6	三菱重工業（7011）	1,774.5円
7	日本ガイシ（5333）	1,829円
8	川崎汽船（9107）	1,988円
9	荏原（6361）	1,980円
10	デンソー（6902）	2,023円
11	ルネサスエレクトロニクス（6723）	2,106円
12	関電工（1942）	2,150円
13	住友電気工業（5802）	2,263.5円
14	三菱電機（6503）	2,314円
15	三菱地所（8802）	2,295.5円
16	トヨタ（7203）	2,455円
17	日本航空（9201）	2,427円
18	村田製作所（6981）	2,726.5円
19	東日本旅客鉄道（9020）	2,824.5円
20	三菱商事（8058）	2,834.5円
21	富士通（6702）	2,863.5円

図表1-5　投資金額別・投資候補銘柄 ③

投資金額500万円以上の場合（株価は2024年9月13日終値）

①対象銘柄の単位株価を15,000円まで引き上げる

②50万円、100万円の場合と同様に、選択銘柄の対象を増やして、随時入れ替えていく

1	日本製鉄（9432）	3,001円
2	ヤクルト本社（6472）	3,079円
3	太平洋セメント（5202）	3,119円
4	ＭＳ＆ＡＤインシュアランスグループホールディングス（4005）	3,191円
5	資生堂（4902）	3,345円
6	日本取引所（4689）	3,407円
7	日立製作所（8016）	3,431円
8	明治ホールディングス（3861）	3,620円
9	サンリオ（1893）	3,665円
10	コマツ（9501）	3,718円
11	積水ハウス（6464）	3,748円
12	富士フイルムホールディングス（6330）	3,748円
13	オリエンタルランド（3402）	3,845円
14	イオン（8604）	3,954円
15	ＪＴ（7186）	4,094円
16	武田薬品工業（6966）	4,137円
17	TOPPANホールディングス（3105）	4,251円
18	キヤノン（1332）	4,719円
19	味の素（4755）	5,285円
20	アサヒグループホールディングス（3289）	5,466円
21	信越化学工業（5019）	5,706円
22	住友林業（1803）	6,356円
23	花王（8593）	6,841円
24	任天堂（8233）	7,583円
25	ソフトバンクグループ（6752）	8,429円
26	リクルートホールディングス（7272）	8,669円
27	NEC（8306）	12,950円
28	ソニグループ（7267）（同社は株式分割後、より安価で購入可能）	13,105円

これは**「株式投資の3つの法則」**の〈法則1〉、つまり真っ先に置いた。このあらかじめプールしておくことが、私の投資経験を振り返ると、ストレス面もさることながら、もっとも有効な戦力として機能したと実感したからである。

30銘柄という数も私の経験から割り出したものだが、その程度の数を見ていかねば、株式相場の流れをつかみ損《そこ》ねかねない。これも自らの紆余曲折《うよきょくせつ》に由来する。

購入した銘柄の利益確定ができた場合、その銘柄のことを思念《しねん》から外してしまう投資家が多く存在する。

しかし、留意すべきなのは、長く継続的に業績を拡大し、事業を拡大再生産していくことができる会社は、実は多くの上場会社のなかでも限定的であるということだ。

あらかじめ投資対象銘柄を絞り込む意味は、当該銘柄を継続的に注視していくことを想定しているからなのだ。

〈投資の留意点〉

●投資対象銘柄のなかから、動きが出てきた銘柄を数銘柄選択して投資をする

自身の投資対象銘柄は、資金が拡大するにつれ、増加するか入れ替えをしていくことを考えなければいけない。投資対象銘柄をあらかじめ選択しておくことで、銘柄選択に関するストレスを大幅に緩和することができる。

●投資に際してもっとも注力すべきは、投資タイミングの選定だ

この判断基準は「チャートの分析」である。チャートにはさまざまなパターンがあるが、基本は買い需要と売り需要の「均衡」と「不均衡」を見極めることだ。

チャートを見ることは、市場参加者の「意思」や「期待」などを解析することでもある。チャートに関しては改めて詳細に解説する。

◇投資目標を明確にする

株価は常に動いている。均衡しているように見えても、固定されているわけではない。

たとえば、日経平均でも動きが少ない年もあるが、最低でも上下で5％から10％の動きがある。

つまり、海に波が起きるように、常に株式市場にはうねりがあるのだ。市場全体の指数で5％から10％のうねりがあるということは、個別銘柄ではそれ以上のうねりが起きていることが多々あるのだ。


〈法則3〉


個人の投資目標は、この10％を目標としよう。しかし、それは年間の目標ではない。

目標は「3カ月で10％の利益」「1年で40％の利益（10％×4）」である。1年40％の利益は、2年間で投資資金をおよそ倍にしてくれる。


その資金をすべて再投資するかどうかは個人の自由だが、キャッシュフローができることで投資の〝幅〟が拡大するのである。

3カ月ごと10％が難しければ4カ月ごと10％、半年ごとに10％という目標でもかまわないが、動意づいた株価は通常3カ月や4カ月ごとに10％以上のうねりが出現するのである。

大切なのは、そのうねりが出そうな銘柄を投資対象銘柄で選択し、うねりの初期段階から投資を行うことである。

これらを総合的に考えた結果が**「株式投資の３つの法則」**の〈法則３〉に反映している。

！ここが成功のポイント

◎「株式投資の３つの法則」を着実に守り、実行していこう。

◎株価は需要と供給のバランスで決定する。したがって、「高い」「安い」で考えるのではなく、「強い」「弱い」で考えること。

◎株価は均衡と不安定を繰り返す。成功のカギは、均衡が崩れるタイミングを見つけることにある。

◎投資に使える自己資金を死守するには、必ず「逆指値注文」を実行することだ。

◎目標は、３カ月で10％の利益、１年で40％の利益、２年でおおむね投資資金を２倍にすることである。

チャートは株式投資の「海図」だ。
日本が生んだ最優秀なチャート
「ローソク足」を学べば、
株式投資の成功が見えてくる！

第２章

女神の投資バイブル②

確実に利益を出す チャート攻略法

- ローソク足の動きで見えてくる相場の転換点とは何だろう？
- なぜ、チャートに「N」や「W」が出ると相場は好転するのか？
- 利益を生み出すチャートの型「ブリッジ」とは何か？
- 相場の反転や下落を示すチャートの型「包み足」や「ラッパ足」とは何だろう？

◇日本が生んだ「ローソク足」は世界最古のチャート法

チャートとは「海図」のことである。

広い海をきちんと航海して目的の場所にたどり着くために不可欠、必携のツールがチャートなのだ。

株式市場において、チャートを持たずに投資を始めると、海で遭難するように間違いなく困窮《こんきゅう》するだろう。たまたま運よく利益が上がることもあるが、運次第の投資では成果も限定的であり、損失もやむを得ない。

「ローソク足」は、日本のコメ相場から発祥したといわれている。ローソク足のさまざまなパターンを記録した「酒田五法」は、世界最古のチャート手法として知られ、海外でもその有効性が評価されている。

海外で主流のチャートが、終値《おわりね》を点でつないだ折れ線グラフが主流なのに対して、ローソク足は、日々の株価の動きをきめ細かく記している。

図表2-1　ローソク足の「4本値」

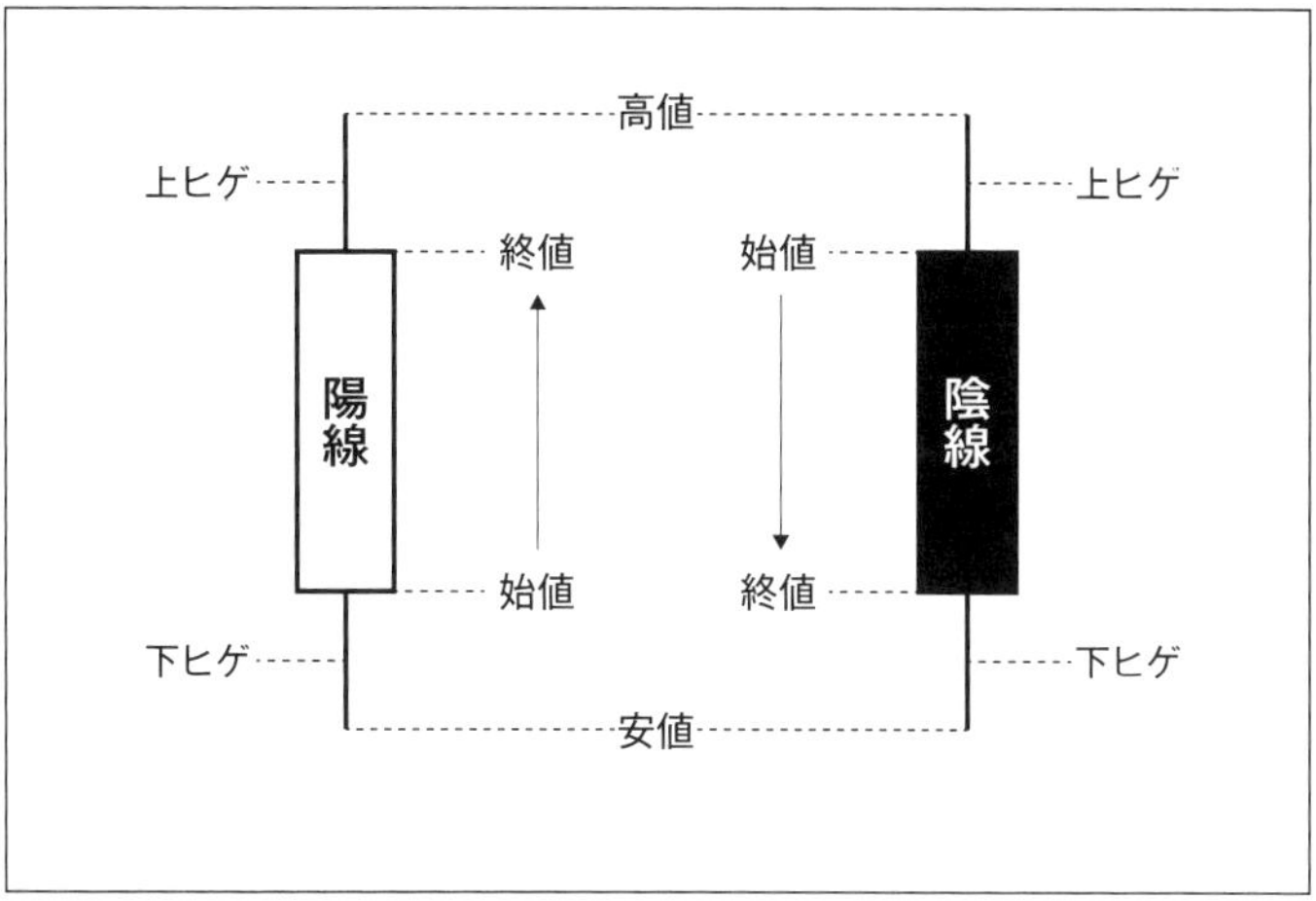

その意味で、株式市場からの「生の声」を聴きとるには最善の手段だと考えている。

①ローソク足の基本
始値《はじめね》と終値で、四角をつくる。
始値が終値より低ければ白抜きに、始値が終値より高ければ黒塗りとなる。
ザラ場（寄り付きと引け値の間）の動きは直線で示される。
白抜きを「陽線」、黒塗りを「陰線」という。

②陽線は始値より終値が高く終了しているから、相場が上昇している証左とな

る。逆に陰線は始値より終値のほうが安く、相場が下落している証左となる。

③株式相場の先行きを、ローソク足の連続から分析してみよう。

「陽線」が連続すれば株価は上昇しており、強くなっていると考える。

「陰線」が連続すれば株価は下落しており、弱くなっていると考える。

◆ローソク足の動きは何を意味するのか

前章で記したように、株価は買い需要と売り需要の均衡と不均衡によって変化する。

ということは、均衡が成立しているときには、陽線も陰線もその動きの幅が小さくなる。そして均衡が崩れるときには、買い需要、売り需要のいずれかの勢力が強くなり、「株価の安値が切り上がる」もしくは「安値が切り下がる」状態が生まれる。

かくして、ローソク足の動きが出始める。

つまり、ローソク足は、買い需要、売り需要が均衡しているのか、不均衡になっているのかを示すツールとなる。それが投資を成功させるためのチャートになるのだ。
買い需要が強ければ、株価は上昇する。翻《ひるがえ》って、売り需要が強ければ、株価は下落する。株価を動かす要素は、この二つだけだ。

買い需要が強くなって、相場が均衡から不均衡に変化する際には、ある特徴が現出する。そして売り需要が強くなって、相場が不均衡に転換する際にも明確な特徴が現れる。

前章においては、「逆指値注文」を活用することで売りのタイミングを逃さないことを説明した。株式投資では売りタイミングに対するストレスやエネルギーをできるだけ軽減し、買いタイミングに集中することが重要であるからだ。

◇株価上昇の指標となる「ケツ上げ」とは

買いタイミングのもっとも重要な指標を、ちょっと下世話な言い方だが、「ケツ上げ」と呼ぶ。

買い需要が高まるにつれ、市場での安値の売り物がどんどん買い需要に吸収されていく。そのため、株価の上値が変化しなくても下値《したね》が次第に切り上がっていくのである。この状態を「ケツ上げ」という。

買い需要が慎重な状況であるときはどうだろうか。買い手は静かに買い進めている。買い手側は可能なかぎり取得株価を安くしたい。そのために、ある程度の株数が集まるまで、静かに買い集めるのだ。確実な好材料がある場合は、余計に静かに買い進める。

しかしながら、ある程度買い進むと、売り玉が枯渇してしまうので、その段階から上値の売り物を吸収していく。

株価が上昇を始める初期段階では、ケツ上げが最良の指標となる。

買い需要が次の段階に突入するときには、少しずつ売り需要との交錯《こうさく》が始まる。なぜなら、株式相場は勢いづくまではなかなか一直線では動かないからだ。

「安値切り上げ」と反対の現象が「安値切り下げ」だ。「ケツ上げ」に対して「ケツ下げ」ともいう。需給関係が一気に転換し、「換金」したい「売り」注文が、安値を切り下げていく。落ち着くまでは手出し無用である（**図表2-2参照**）。

買い需要と売り需要が交錯して、買い需要が旺盛になるときに、必ず「N」の形が現れる。

◇「N」の成立とは？「W」が出現するとは？

相場が均衡から不均衡に転じ始め、株価が上昇を開始し始めても、均衡を維持しようとする売り需要の抵抗は起きる。そのため、株価下落と株価上昇が繰り返し起きるのだ。

株価が下値に届いている状態であれば、株価の値幅は大きくないとはいえ、小さな値幅で株価の上下が起きる。株価が下値に届き、それ以上の下値がつかない状態（＝押している、詰まった）で、株価の上下が起きるのである。

〈法則2〉

「N」の場合は3営業日で考える。初日に売り込まれた株価があくる日に押しとどまる。3日目に初日の高値を超えてくると「N」が成立する。

「W」は、さらに4日目に少し下がり、5日目に3日目の高値を少しでも超えてくれ

2021年1月～2024年8月）

上記は、コロナ禍で免疫を上げるとして人気化した銘柄が、ワクチンの登場で一気に下落した事例だ。「人気材料銘柄」において、「材料」が消えたときのリスクの好事例である。

図表2-2 「ケツ上げ」と「ケツ下げ」(ヤクルト本社[2276]週足／

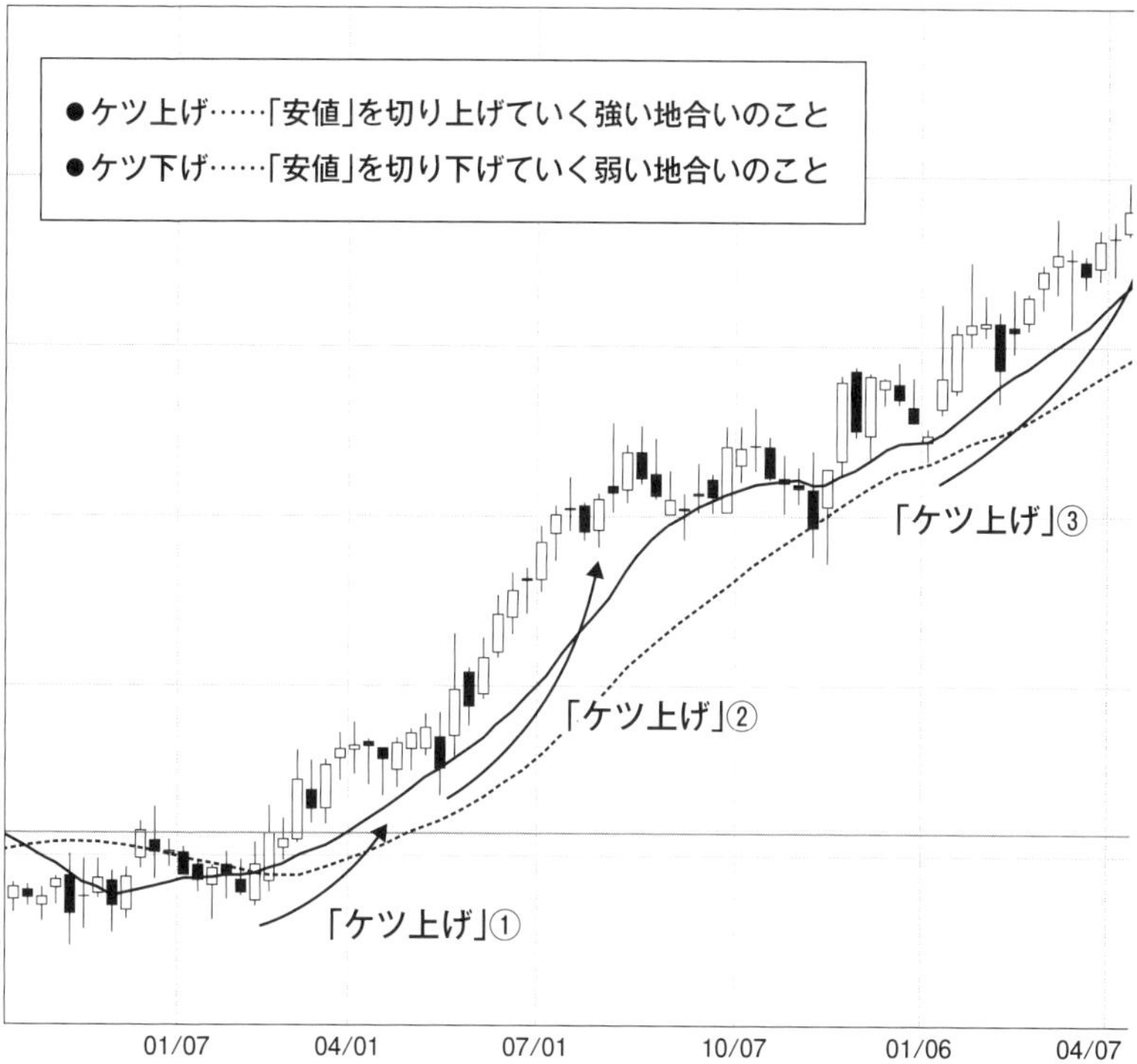

「ケツ下げ」とは、「ケツ上げ」の真逆の現象である。安値を切り上げて株が買われる「ケツ上げ」ではなく、換金が優先となってわれ先に「売り」が出ることで、前日の安値を切り下げていくため、「ケツ下げ」が起こる。相場の基本は「下げ」につきあわないことだ。

ば、「W」が成立する。

株価が押している、詰まった局面で、「N」が出て「W」が出現すれば、相場が均衡から不均衡へと転換した証左となるのだ。

「N」は比較的出やすい形だが、「W」はなかなか出にくい形である。それだけに「W」が出現するときは投資の絶好のタイミングだと考えてよい（図表2−3参照）。

◆利益の確定に重要な「ブリッジ」と「同幅二段上げ」

不均衡が始まり株価が上昇過程に入った後、相場が一休みするように下落局面に入ることがある。

買い需要が強い状況での不均衡ではなく、売り需要が強い状況での不均衡が始まる。これは相場の転換である。

売り需要が強さを維持して買い需要を上回り続けると、株価は下落を続け、再び大きく下落し、均衡を模索していく。

ところが、買い需要が一定程度残存しており、再び買い需要が勢いを増加すること

N字み－っけ
すてき

図表2-3　「N」と「W」の形（日本電信電話[9432]週足/2024年3月～8月）

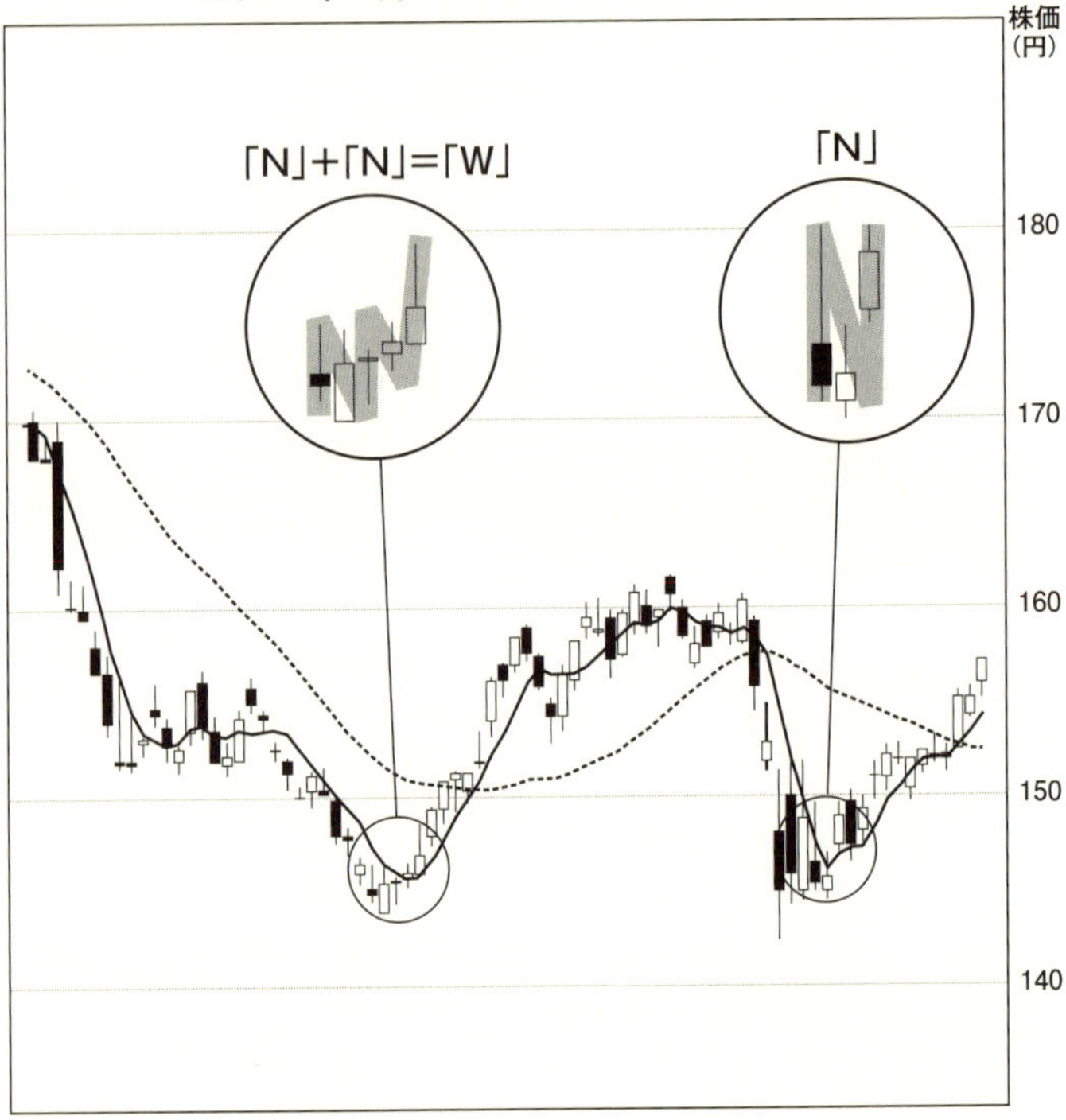

「N」の場合は3営業日で考える。3日目に初日の高値を超えてくると「N」が成立する。「W」はさらに4日目に少し下がり、5日目に3日目の高値を少しでも超えてくれば、「W」が成立する。そのため、出来高が多い銘柄で、相場判断が多様化している銘柄ほど出る確率が高まる。「W」は「N」が重なる形であり、最強の形といえる。

がある。その場合、株価の下落は限定的であり、わずかな下落で小さな均衡がつくられ、逆に再上昇をする不均衡状態に戻ることがある。

この形を吊り橋のように見立てて「ブリッジ」と呼ぶ（**図表2-4参照**）。

逆指値注文を実行していれば、「ブリッジ」に入る前に利益確定が終了していることから、「ブリッジ」を確認した後の投資は再投資となる。

しかしながら、「ブリッジ」を形成した後の不均衡は、最初の均衡から不均衡への転換による株価の値幅以上に上昇することがよくある。なぜだろうか？

二度目の上昇時のほうが、買い需要側の含み益が拡大しており、買い需要が増幅することが多いからだ。

「ブリッジ」ほど時間を要さないが、短い時間で株価が不均衡を再開して上昇を再開することがある。

最初に投資した投資家は含み益が拡大しているが、一部の投資家は利益確定の準備を始める。

株価にはその買い需要の投資家の意向が反映されるのだ。

結果として、株価上昇の幅が経験的に一致することがある。最初の値上がり幅と次

図表2-4　「ブリッジ」は株価が再上昇する指標（日立製作所［6501］日足／2024年2月～7月）

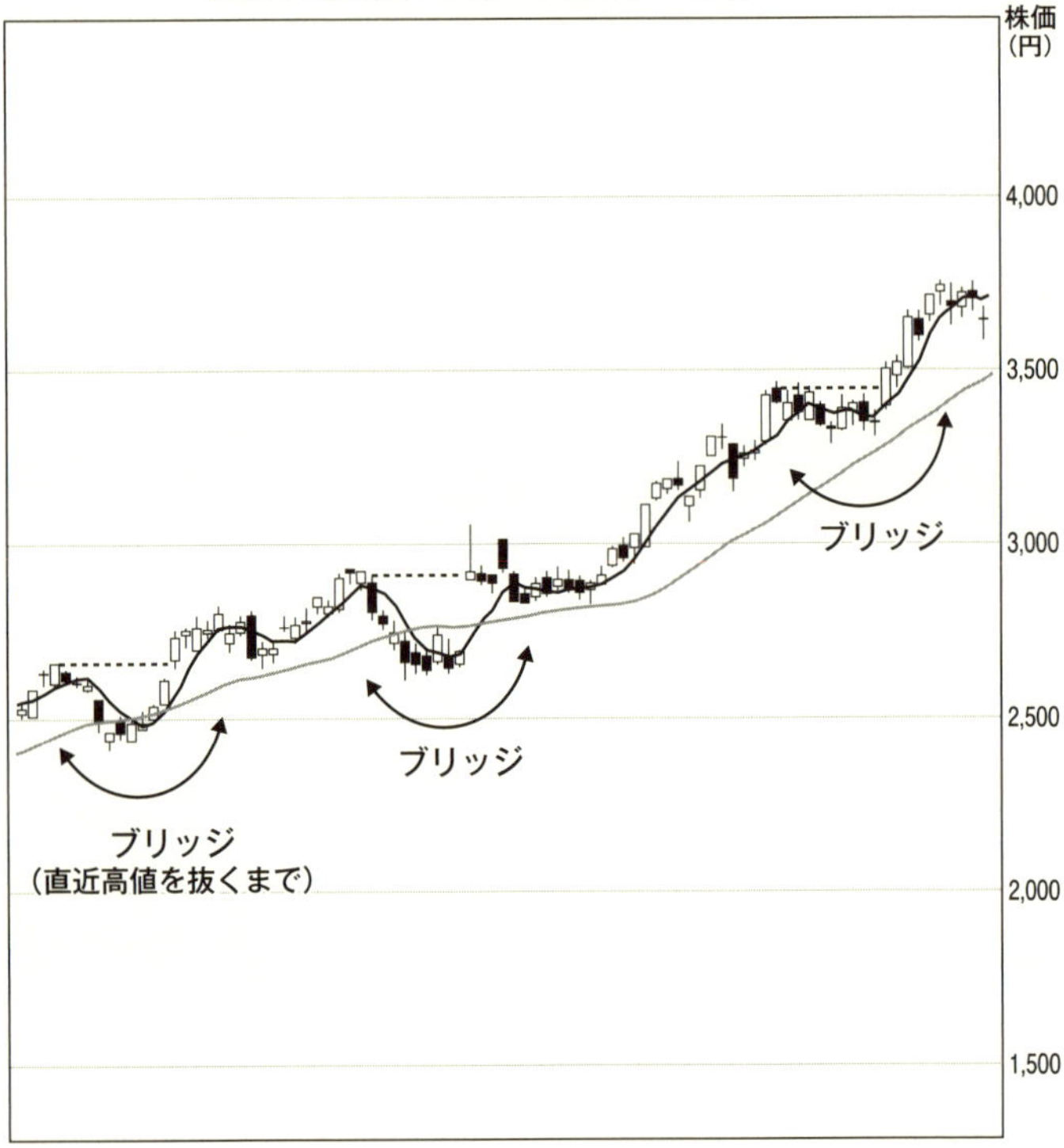

買い需要が一定程度残存しており、再び買い需要が勢いを増加する現象を吊り橋に見立て「ブリッジ」と呼ぶ。「ブリッジ」を形成したあと、株価の値幅以上に上昇することがよくある。買い需要の含み益が増大しており、買い需要が増幅することが多いからだ。

の値上がり幅は、同幅になるか、もしくは同幅×1・5の幅で収まることが多くなる。株価上昇の目途《めど》をつけたい場合、この「同幅二段上げ」という原則を覚えておくとよい。

◆相場の反転下落を示唆する「包み足」と「ラッパ足」

1日の寄り付きから終値までの値幅が、前日の安値と高値の幅を包み込むようになった形を「包み足」という。陽線で起きる場合と陰線で起きる場合とがある。

前日が陽線で包み足も陽線、前日が陰線で包み足も陰線という場合よりも重要なのは、前日と陰陽が異なる場合だ。相場の大きな転換点を意味するからである。

①相場水準が上昇して高値圏にあるときに出る「包み足」（図表2-5参照）

前日が陽線で終了しながら、当日に包み足が陰線で出た場合は、相場が下落することが多い。それまでの強い上昇のエネルギーが一気に吐き出されて喪失した可能性が高いからだ。

図表2-5　相場が一休みする「ラッパ足」(日経225日足／2023年4月～7月)

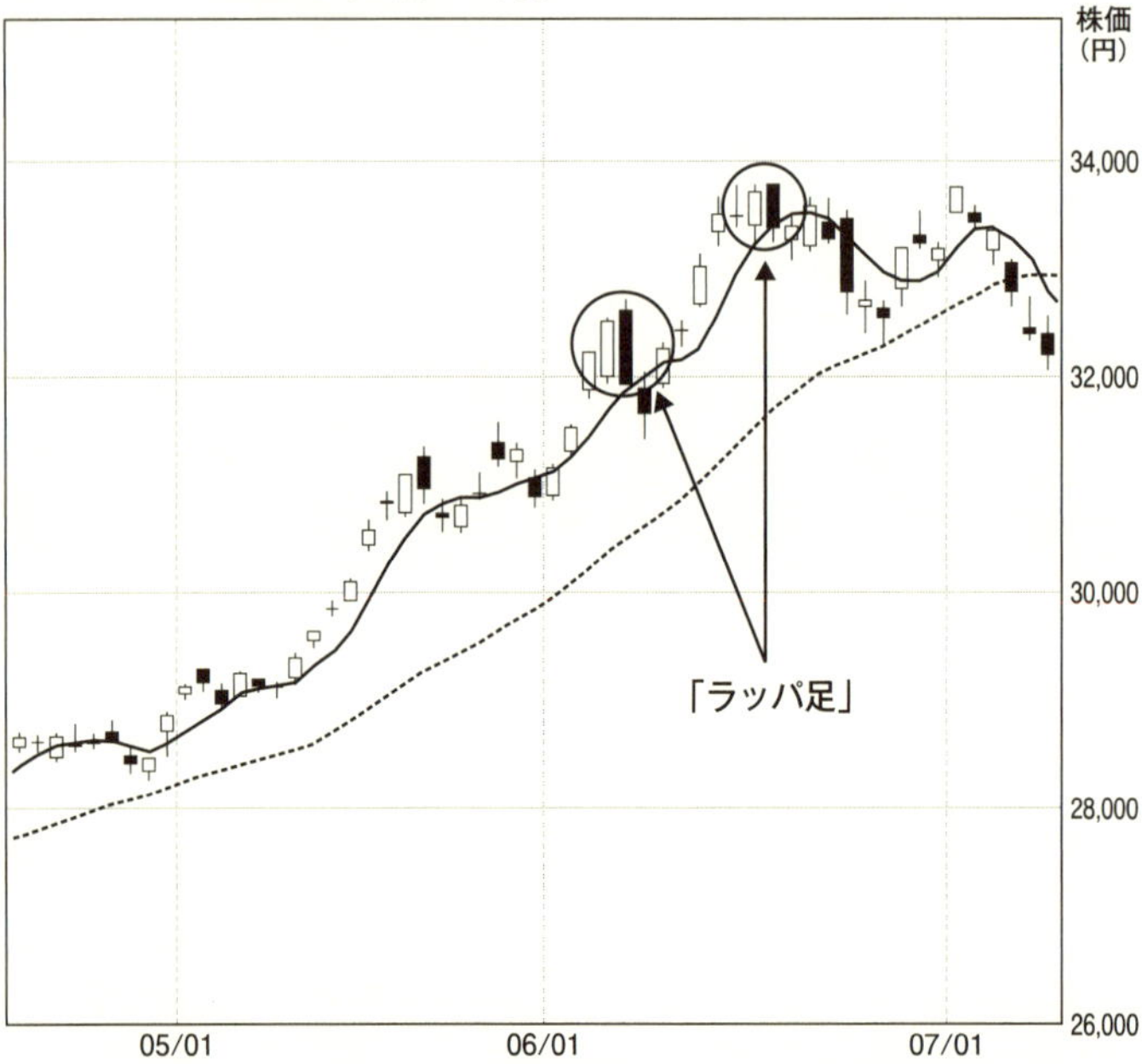

前日の高値・安値の範囲を包含した株価の動きが見られ、当日の「ローソク足」が、前日の「ローソク足」を包むように形成されるのを「包み足」という。陽線で出るときもあるが、陰線でできた場合をとくに「ラッパ足」という。陽線の「包み足」の場合は、相場が上昇することもあるが、陰線の「ラッパ足」は、相場のエネルギー枯渇を示して株価が下落する可能性が高くなる。

買い需要のエネルギーが一気に放出されて相場が一休みすることが多くなり、特徴的な形から「ラッパ足」ともいわれる。

②相場水準が下落して安値圏にあるときに出る「包み足」（図表2-6参照）

これは先に示した高値圏にあるときとは逆だと考えられる。売り需要のエネルギーを一気に放出した可能性があり、相場が反転することが多いのである。

「包み足」は、相場の下落時より相場の上昇時のほうが気づきやすいチャートだ。相場が上昇時のほうが、チャートへの関心が高いからで、個別銘柄であれ、日経平均などの指数であれ、出現してくる。

高値圏での「包み足」の出現は、前述したように「ラッパ足」とも呼ばれる。注意喚起の意味を込めてそういわれることもある。

このチャートが出たときには、相場は調整局面に入った、もしくは反転下落局面に突入したと考えるべきだ。

図表2-6 「包み足」(オムロン[6645]日足/2024年7月~8月)

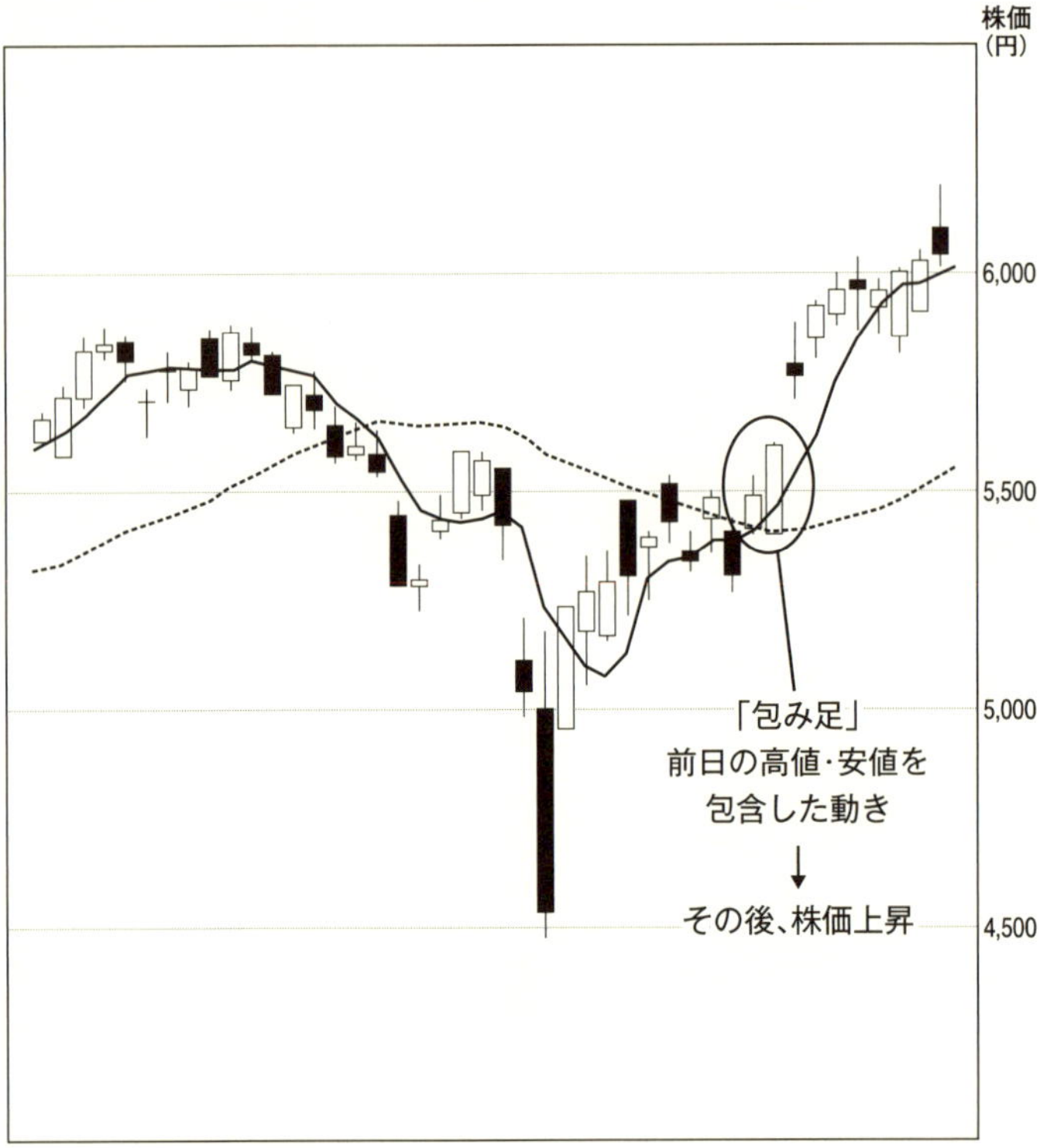

相場水準が下落して安値圏にあるときに出る「包み足」は、売り需要のエネルギーを一気に放出した可能性があり、相場が反転することが多い。

◇チャートに関する質問に女神が答えてくれました

質問：チャートには「日足《ひあし》」「週足《しゅうあし》」「月足《つきあし》」など、期間によって数種類がありますが、どのチャートを見るべきでしょうか？

女神：その銘柄の相場の流れなどを確認するときは「週足」で確認します。「日足」「週足」「月足」それぞれで、その銘柄の時間経過の変化が見られます。「週足」は、中間のチャートです。「週足」で気になる銘柄は必ず「日足」でチェックします。投資してもいい形ができていれば、検討します。

「週足」「日足」で株価水準が高すぎる、あるいは相場の天井圏ではないかなどと感じるときには、「月足」で長い期間での動きを確認します。

それにより現在の株価の位置が、過去の株価水準と比較してどの水準なのかを確認します。業績が急回復するなどで過去の株価水準に回帰する可能性があります。

その意味で、「週足」を基準として、「日足」「月足」も確認するのがいいと考えます。

質問：なかなか「N」や「W」が見つけられません。どうすればいいでしょうか。

女神：相場変化の速度が速いときには、「押し」て「詰まった」形が十分形成されないうちに反転することもあります。

株価が下値をうかがわなくなり、変動値幅が小さくなる詰まった形で数日経過した後、株価が動意づくとき、「N」や「W」の形が現れやすくなるのです。

その際に出来高が増加すれば、その均衡から不均衡への転換により蓋然性が高まります。

まとめ：チャートは買い需要と売り需要の均衡状態を表している指標です。株価が買い需要と売り需要のせめぎあいで決定しているとすると、チャートの変化を捉えることがすなわち株価の変化を捉えることと同義になります。

チャートの変化を日々追うことで、株価の変化に対する勘所を身につけることができます。

ファンダメンタルズ（経済の基礎的条件）がどれほどいい銘柄でも、その銘柄の株価水準やチャートの形が不均衡の頂点であったりする場合には、投資は控えるべきです。

チャートとは、世界中の投資家の意思を反映したものです。株式投資はチャート70％、ファンダメンタルズ30％くらいの比率で検討するべきです。

！ここが成功のポイント

◎チャートは「海図」だ。「ローソク足」の動きを見て均衡のバランスが崩れる瞬間を表す「N字型」や「W字型」を見つけること。

◎買いタイミングには、チャート上に「ケツ上げ」「ブリッジ」「同幅二段上げ」といった指標が現れる。

◎相場の反転を示す「包み足」や「ラッパ足」には注意が必要だ。

◎チャートの動きは、30銘柄程度なら、慣れてくれば1日に15分くらいで確認できる。日々の確認が投資の成功をもたらしてくれる。

日本独自の移動平均線「一目均衡表」で
相場の動きが読める！

第3章

女神の投資バイブル③

移動平均線で
相場の未来を読む

- 海外で使われる移動平均線の型「ゴールデンクロス」や「デッドクロス」が有効に使える投資家と、あまり有効でない投資家の違いとは?
- なぜ日本独自の「一目均衡表」で相場の転換点がわかるのか?

◇海外で使われる「移動平均線」とは何か？

海外では「ローソク足」ではなく「移動平均線」でチャート分析を行うのが通例だ。

しかしながら、買い需要と売り需要が均衡から不均衡を形成し、再び均衡に戻るという基本的な考え方は一緒である。

株価の引け値を次々と加算し、整理して線としてつないだものを「移動平均線」という。

「5日」「25日」「75日」など、一定の期間で計算する。日々の株価が加えられて平均線が動くことから「移動平均線」と呼ばれている。

「移動平均線」も「ローソク足」における「N」や「W」と同様、均衡から不均衡へ転換するポイントを捉えることが目的だ。

「ローソク足」における「N」や「W」は、日々株価を観察していなければ発見できないが、「移動平均線」は線で表示されるので、「短期線」と「中期線」「長期線」の動きで、そのタイミングを計る。

「短期線」は、一番最近の株価の動きを反映している。

「中期線」が次第に「短期線」に接近して、「短期線」の上に抜けることがある。

要は、株価が上昇してきて「中期線」を上昇させるのである。

「中期線」は「短期線」より長い期間の平均だが、株価が上昇してくると、同じように上昇してくる。しかし、「中期線」が「短期線」の上に抜けるときは、実は現在株価がすでに下落に入っていることがよくある。

つまり、「短期線」は最新の株価の動きを反映するが、「中期線」はその反映に時間がかかるのである。

株価が上昇する過程では、「中期線」が「短期線」を上回るということは理論上あり得ない。しかし、株価が横這いに入るなどして「短期線」が上昇を止めているとき、「中期線」が下から接近してくることがある。

とりわけ、現在株価の低迷が長く続く、横這いが長く続くなどの状態が起きると、理論上でも現実上でも「短期線」と「中期線」が接近して、ほぼ同じになることがある。

これは株価が長く「低迷」「横這い」を継続していることを意味している。「買い需要」「売り需要」が均衡しているときに、そういう状態が発生する。その移動平均線を上回るような株価の動きが出たときが「均衡」から「不均衡」への転換点であり、投資タイミングとなる。

「N」「W」の指標も同時期か、もしくは少し早めに出現していると想定できる。「移動平均線」は、現実の株価と「時間差」があるために、どうしても「N」「W」のタイミングから「後ろずれ」する。

とはいえ、投資タイミングを計る手法としては有効である。

◆売買のシグナル「ゴールデンクロス」と「デッドクロス」

相場には上昇局面と下降局面とがある。「移動平均線」はその双方で相場の転換判断に使われる。

相場が長らく下落局面にあるとき、「長期線」は、現実の株価水準より高いところでゆっくりと変化していく。一方、「中期線」「短期線」は、より現実の株価に近いと

図表3-1　ゴールデンクロスとデッドクロス

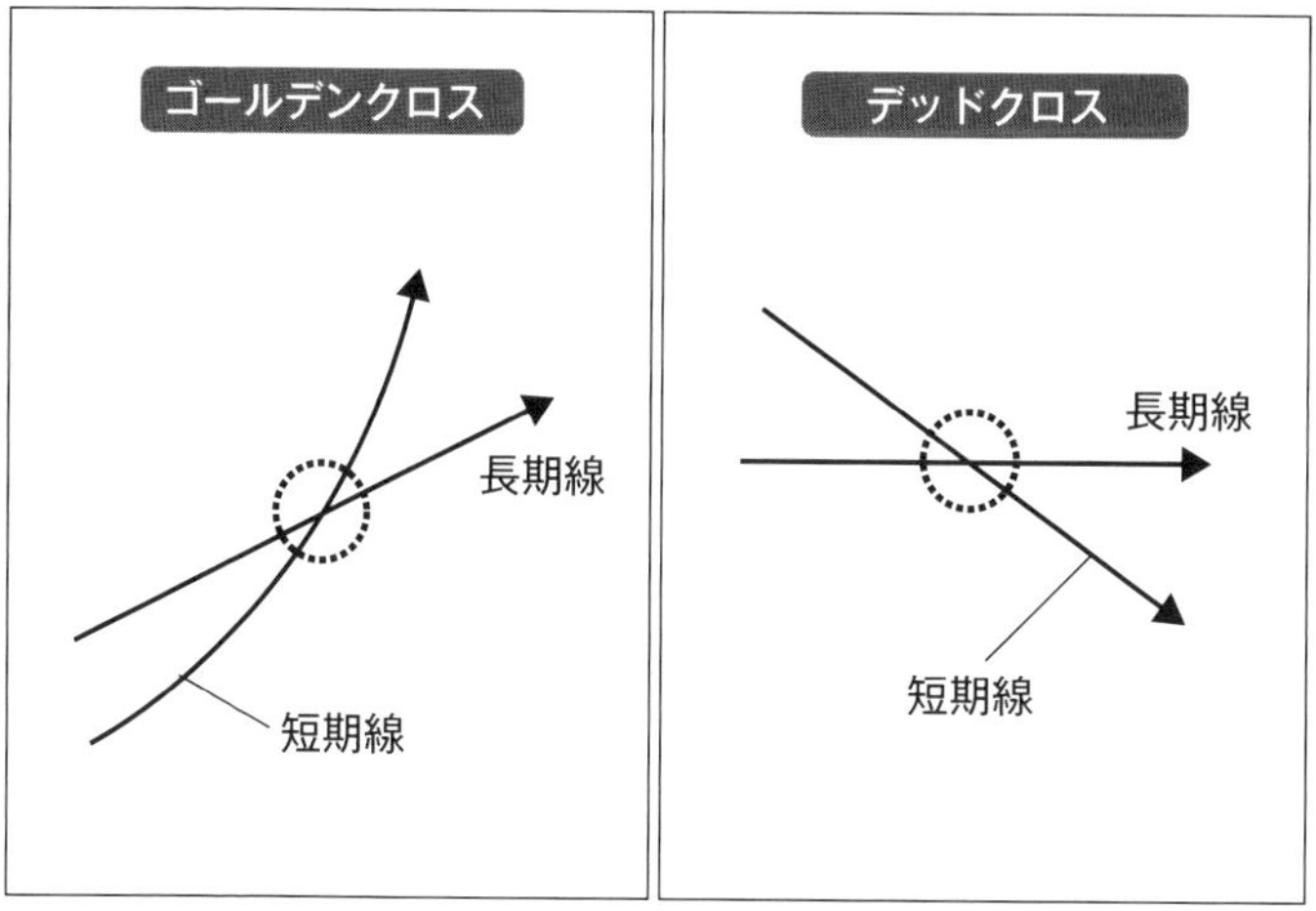

ころで推移する。

株価が反転上昇を始めるとき、「長期線」はまだ下降局面だが、「短期線」「中期線」は上昇に転じる。

上昇に転じた「短期線」「中期線」が下から上へ向かい「長期線」を抜けるときを「ゴールデンクロス」という（**図表3-1参照**）。長く続いた相場の下落過程が転換した証でもある。

ただし、現在株価の変化から見ると、「移動平均線」には時間差がある。つまり、「ゴールデンクロス」が発生した時点では、すでに株の現在株価は底値から大きく上昇しているということが多くあるのだ。

同様に、株価が下落局面に入るとき、通常株価の下落は上昇速度以上に速くなるが、移動平均線は「短期線」「中期線」ともに上昇を止めていないことがある。これは仕組み上、致し方のない欠点である。

「短期線」「中期線」が下落して、「長期線」を上から下へ抜けることが起きる。「デッドクロス」と呼ばれ、売りの指標とされている（**図表3－1参照**）。とはいうものの、上昇局面と同様、やはりタイミングが遅れる。

「ＭＡＣＤ（移動平均収束拡散）」とは、移動平均線の発展版として用いられる手法で、「ゴールデンクロス」「デッドクロス」などのシグナルと組み合わせて売買タイミングを計るものだ（**図表3－2参照**）。

しかし、この手法も移動平均線を用いて分析するため、タイミングが少し後ろずれすることが多くある。

また、「ボリンジャーバンド」は、移動平均線と標準偏差で構成されるテクニカル指標の一つで、日々の株価は標準偏差のなかで動く蓋然性が高いとして利用される。

図表3-2　MACD（ナスダック100ETF［QQQQ］日足）

MACDがゼロラインから上へくると「買い」サイン。ゼロラインから下へくると「売り」サインとなる。移動平均線を基準としているため、転換点を過ぎて傾向が明白にならないと「サイン」が表れにくく、そのため「買い」「売り」のタイミングとも遅れることになることが多くなる。

しかしながら、統計学に基礎を置くこの分析手法は、売買タイミングを捉えるにはあまり向いていないと考えられている。

売買タイミングではなく、相場が「行きすぎているのか」「出遅れなのか」を判断するときに役に立つと考えられている。

◇相場を読むのに活用したい「一目均衡表」

相場は買い方と売り方の均衡が崩れたときに大きく動くため、どちらが優勢かわかればよいとされている。それが一目でわかる手法が「一目均衡表」である。

「ＭＡＣＤ」や「ボリンジャーバンド」と異なり、「一目均衡表」は、相場の均衡が崩れるときに動く「ローソク足」に代表される日本独自の発想に基づいている。

「一目均衡表」も「移動平均線」を基本指標としているが、それ以外にさまざまな指標計算を土台にして形成されている。

基準線、転換線、先行スパン（２本）、遅行スパンの計５本の線が使われる

●基準線：（当日を含めた過去26日間の最高値＋最安値）÷2
●転換線：（当日を含めた過去9日間の最高値＋最安値）÷2
●先行スパン①：（基準値＋転換値）÷2を26日先行させて表示
●先行スパン②：（当日を含めた過去52日間の最高値＋最安値）÷2を26日先行させて表示
●遅行スパン：当日の終値を26日遅行させて表示

先行スパン①と先行スパン②に挟まれたゾーンを「雲」と呼ぶ。

雲は、「売り勢力が強い抵抗線」ともいわれる。したがって、「ローソク足」が雲の上に出れば相場は強い、下にあれば弱いと考えるのだ。「ローソク足」が下から上へ突き上げて抜ければ好転、逆の場合は逆転とされる（**図表3−3参照**）。

先行スパン①②が交わるように交錯することがある。株価が一定の幅で動きが鈍いときなどに起きるが、相場の転換の可能性が高いといわれている。

遅行線が「ローソク足」を上回ったときを好転、下回ったときを逆転という。

2024年7月／日足）

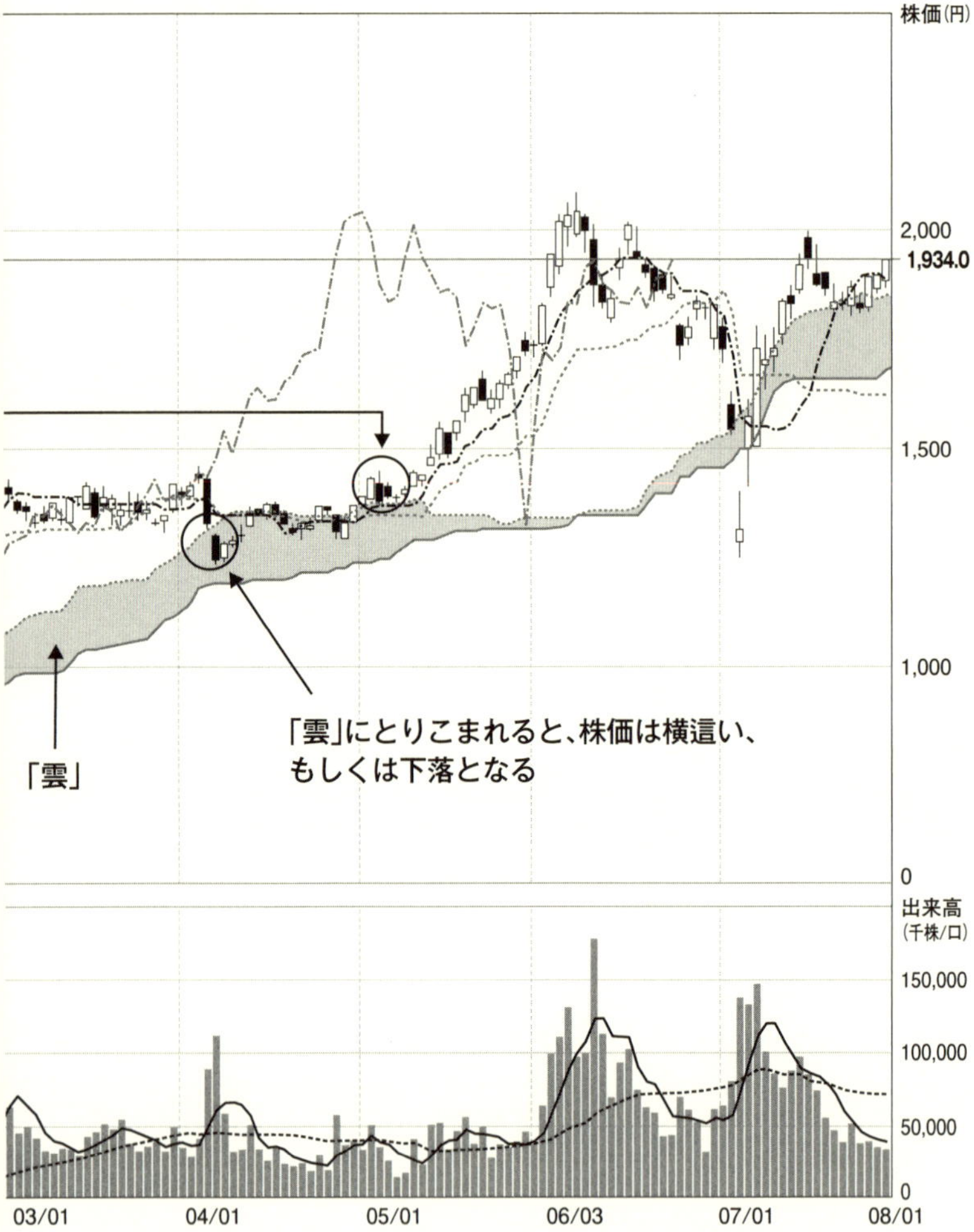
株価(円)
2,000
1,934.0
1,500
1,000
0
「雲」にとりこまれると、株価は横這い、
もしくは下落となる
「雲」
出来高
(千株/口)
150,000
100,000
50,000
0
03/01
04/01
05/01
06/03
07/01
08/01

図表3-3 「一目均衡表」の読み方(三菱重工業[7011]2023年9月～

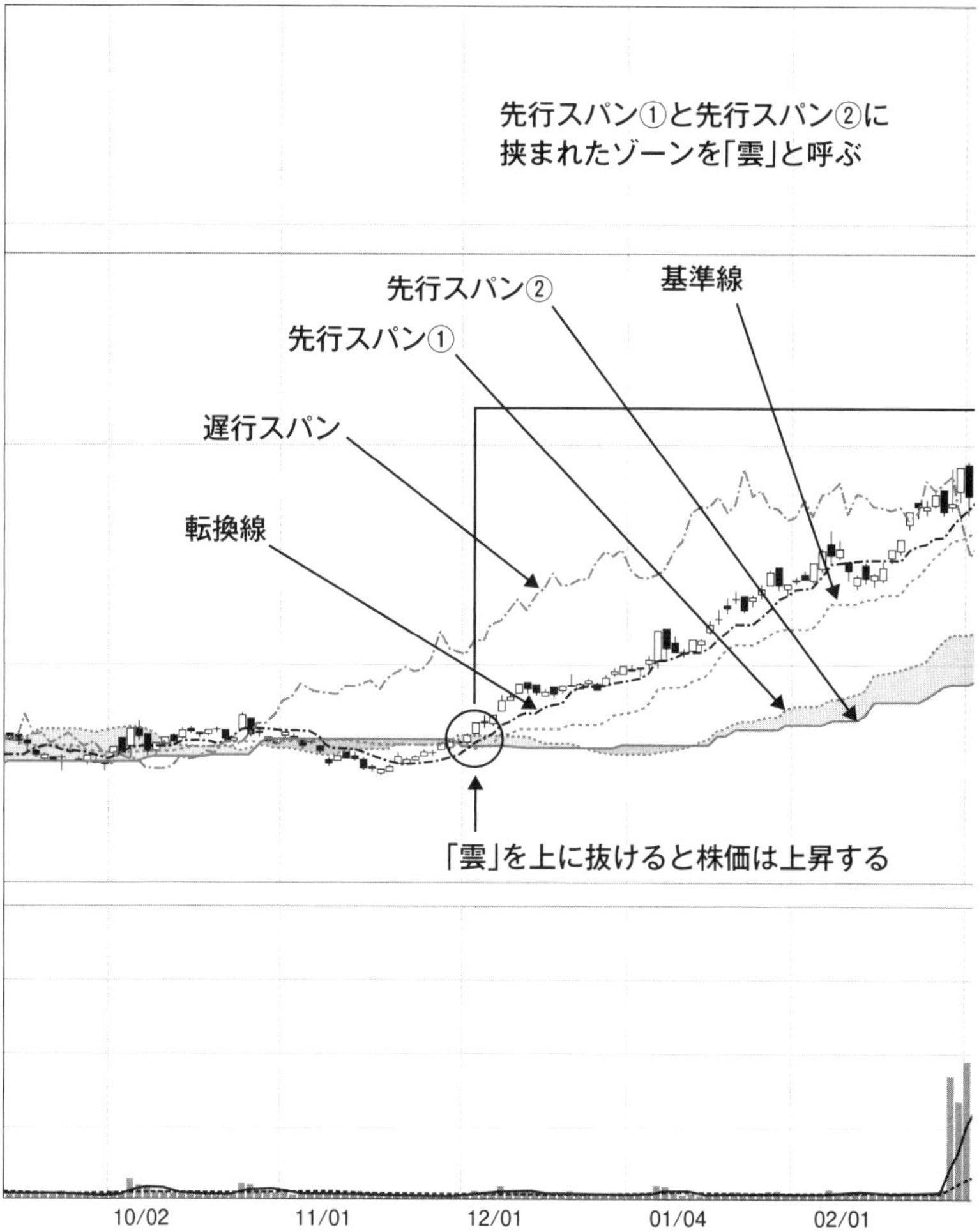

①転換線が基準線を上回る
②「ローソク足」が「雲」を上回る
③遅行スパンが「ローソク足」を上回る

以上の三条件が揃ったときは、非常に強い買いシグナルといえる。逆の場合は非常に強い売りシグナルとなる。

この三条件のことを「**三役**」と呼び、「**三役好転**」「**三役逆転**」などと称している。

一目均衡表は「N」「W」などローソク足のチャート同様、なじみが深く活用しやすい指標だ。

「N」「W」などの指標と同じタイミングで出ることが多くある。

「ボリンジャーバンド」や「MACD」と比較して、タイミングを捉えやすい手法なのだ。

◇お金の動きは企業の熱に左右される

お金は企業活動が「熱」を帯び始めるときに、その株式へと引きつけられる。熱により集まってくるお金が「買い需要」であり「買い方」である。

そして熱が冷めてくる、あるいは、熱に比して投入されるお金が多すぎるとき、株価は「売り方」が優勢となり、下落する。

このタイミングをいかに捉えるかを工夫したものが「チャート」なのである。

チャートの形を覚えるのは重要だが、マニュアルとして形を暗記するようなことは意味がない。

チャートはあくまでお金の需給に関する指標だ。お金が熱に集まりつつあるのか、あるいは遠ざかりつつあるのかを観察する最良の手法だと考えてよい。

株式投資で成功する蓋然性を高めるためには、お金の動きに注目することも重要だが、もう一つ、企業の熱についても研究することが必要なのである。

！ここが成功のポイント

◎海外で使われる移動平均線「ゴールデンクロス」「デッドクロス」「ＭＡＣＤ」「ボリンジャーバンド」は、タイミングが少し後ろずれすることが多い。

◎「一目均衡表」の「ローソク足」が、「雲」を上に抜けると株価は上昇し、「雲」に囲まれると株価は横這いか、下落となる。

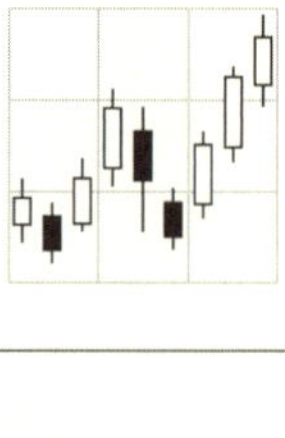

利益目標を決め、
投資銘柄候補30を選び、3銘柄に集中投資！
「逆指値注文」を実行すれば
投資資金は保全できる！

第4章

女神の投資バイブル④
投資の実践編①

投資を始める前に準備すること

- いつまでに、いくら利益を得るのかを設定する理由とは何か？
- 投資候補銘柄はなぜ30選ぶのか？
- なぜ少額投資の原則が集中投資なのか？
- 「逆指値注文」を忘れずに行う理由とは？

◇まず時間軸と利益目標を設定する

先に記したチャートの動きに基づく投資の実践についてだが、当然ながら、投資には「目標」が必要である。

目標に従い戦略が生まれ、戦略に基づき戦術が生まれる。

先に解説したチャートを活用した投資は、戦術である。その戦略目標は、早期に資産を増加させることだ。

記述した投資手法の戦略は「2年間で投資資金を倍にする」というものであった。

3カ月ごとに10％の利益を確保していければ、年間で40％の利益が出る。40％の利益を2年継続できれば、投資資金はほぼ2倍になる。

3カ月ごととしているのには理由がある。

- **企業の決算開示が3カ月ごとにあり、決算開示で、株価の評価が大きく変化する可能性が生じること。**
- **経験則から、相場が継続する期間は3カ月周期程度が多いこと。**

以上の2点である。

もっとも大きなメリットは、投資をする側に、時間軸を考えるという目線が生まれることだ。

一般的に個人投資家が投資をする際、「儲かれば何でもいい」「投資してすぐに儲けたい」など、時間軸に対する意識が希薄になりがちである。

「儲けたい」「それもすぐに」という欲に先走ってしまうと、相場の流れを見る、銘柄の動きを見るという意識が薄らいでしまう。

結果として、「すぐに儲けられる」が実現すればいいが、そうではない場合、「塩漬け」としたり、「損切り」をしたりといった、戦略も戦術もない、その場しのぎの刹《せつ》那《な》的な投資に陥ってしまいがちだ。

そこで、3カ月ごとという時間軸の目標を設定し、なおかつ10%という利益目標を設定することにより、投資への集中力を維持することができる。

◇利益を左右する「投資候補銘柄」の選び方

相場が上昇を始めるとき、実は10％以上の上昇幅になることが多い。また、10％に届かず、反落に転じることもある。

利益の幅は「逆指値注文」の株価を相場に合わせて上げていくことで対応することができる。残念ながら10％未満で売却した場合には、次のチャンスで取り返すことを考えればいいいと思う。

10％を超えて利益が拡大するときには、そのまま「逆指値注文」の株価を上げていき、「逆指値」にかかるまで保有を継続する。

その場合は3カ月を越えても致し方ないと考える。最大の目的は「投資資金を増加させる」ことにあるからだ。

先に投資銘柄はあらかじめ自身の「投資候補銘柄」を選定して、そのなかから選別すると記した。

投資候補銘柄は、なるべく多様な業種に分けて選択する。なぜなら、株式相場は全市場が一様に変化するわけではないからだ。業種により上昇、下降のタイミングが異なるのである。

たとえば、「半導体関連銘柄」というジャンルでも、多くの銘柄がリストアップされる（有望株の発掘や選択をサポートするサイトである『株探』などで検索すれば、夥《おびただ》しい銘柄が出てくる）。それぞれの銘柄の株価の動きは、半導体関連という同じくくりでもまちまちだ。まして、業種が異なれば、その動きはさらにまちまちである。

その違いを投資に活かすことが目的で、「幅広い」業種から「投資候補銘柄」を選定しておくのである。

投資候補銘柄のなかから投資タイミングに合わせ、チャートの動きが期待できる銘柄を選別していく。そのときには、もっとも期待できる銘柄1本に絞って投資してもいいだろう。

投資資金のどの程度を投資するかにもよるが、同じ時期（3カ月間）には3銘柄程度に絞って投資をすることが有効だと考える。

3銘柄のうち1銘柄が10％に到達しなかったとしても、残りの銘柄で不足分を補うことも可能である。

また、最初の3銘柄以外の候補が出てくれれば、銘柄の入れ替えも可能だ。

「戦略」を立てることで「戦術」も変化する。

戦略は投資資金を増加させることなので、不変である。

しかしながら、戦略を実現する戦術は変化するのが通常だ。ロスにより早期に銘柄を入れ替える、想定以上の上昇で保有を延長するなどである。

大事なことは、期間の目途を設定することに尽きる。そして、利益の目途を設定することだ。

たったそれだけのことで、あなたの投資習慣や投資ライフは大きく変化するはずである。

バイブルの最後に、株式投資を成功させるための鉄則**「株式投資の3つの法則」**を掲げて締めくくりとする。

〈法則1〉予備軍を含めて30銘柄を常に選出し、相場の流れを見て変更を加える。

〈法則2〉選出銘柄のチャートを日々15分ほど閲覧し、「N字型」「W字型」など銘柄の転換点を見つけて投資する。投資した後は、「逆指値注文」をして投資資金の保全をする。

〈法則3〉クォーター（3カ月）ごとに投資資金の10％アップを目標とし、年間で40％アップ以上、2年間でおよそ手持ち資金が2倍となるようにする。

◈300万円を投資資金と決める

以上、女神から授かったバイブルを真剣に読み終えたところで、株式投資に挑戦したいという気持ちが沸々《ふつふつ》と湧き上がってきました。

「思い立ったが吉日」という言葉がありますが、私は株式投資をそれに当てはめるつもりは毛頭ありません。女神の助言どおり、相場には波があるし、地合い《じあ》（人気や雰囲気から見た相場の状態）というものもあるからです。

とにかく周到に事を運ぶべし。私は投資開始の日時を決めて、そこから逆算して準備を整えることにしました。

まずは投資開始時期を2023年10月1日と決めました。なぜその日かというと、10月1日は小さいながらもわが社の新年度の始まりの日だからです。

とはいっても、当たり前ですが、会社の事業資金を投資にあてがうつもりはありません。あくまでも自分自身の人生のために、株式投資を行うと決めたのです。

ここで重要なのは、株式投資という戦《いくさ》をするための兵隊（お金）の編制をどうするのか。個人で始めるのだから、大軍（大量の資金）が準備されているわけではありません。これから兵隊（お金）を増やしていくのですから。

そこで、いくつかの銀行口座を整理して、これから使える資金を合計してみました。合計465万7000円也。

多いのか少ないのかはわかりませんが、現在までのわが人生で頑張ってきた証《あかし》として、私は十分誇りに思っています。ただ、それだけに大事に使いたいと思いました。

私はお金の配分を以下のとおりに決めました。

①現金100万7000円は、最後の砦として保持するお金とする。負け戦の殿《しんがり》戦（撤退戦）を行うための準備金。

②2024年1月1日から始まる「新NISA（少額投資非課税制度）」で積み立てをする際の資金として65万円をあてる。

③株式投資には残りの300万円をあてる。

これは女神のバイブルに書かれていた「資産三分法」を導入したもので、のちに詳しく説明する予定です。

新ＮＩＳＡで積み立てを決めている「指数連動型投信」は、私にとっては小さな不動産のようなものです。

確実に今後の経済成長を反映して、自分とわが家にその成果を届けてくれるものと期待しています。

◆6つの指標を立てて投資候補銘柄を選択する

さて、勝負の決め手は、３００万円の資金をどの銘柄に投資するかです。

自分で設定した投資開始の時期までに、自分なりの投資候補銘柄を選択、決定しなければなりません。

これからしばらく私のために働いてくれる候補銘柄が、私の株式投資の成否を握ることになります。

これは野球やサッカーにおいて理想のチームを考えるようなものかもしれません。

現実のプロの世界では、選手はさまざまなチームに同時に所属はできないけれど、投資候補銘柄なら自由に選べます。自分の好みの選手（銘柄）を選んで、自分が理想とするチーム（投資候補銘柄群）を構成するという発想です。

そこで、女神のアドバイスに従いながら、加えて私なりの考え方で銘柄を選択することにしました。

私の方針は以下のとおりです。

①高い株価の銘柄は採用しない。

投資金額が３００万円しかなく、そもそも単位株（証券取引所で売買するときの最低株数）さえ買えないような株価の高い銘柄は避けるしかありません。そうした事情もあって、株価５０００円以下の銘柄に絞ることにしました。

勝手ながら、米メジャーリーグで貧乏球団がギャラの高い選手を集められない悲哀を感じさせた映画『マネーボール』と、現在の私の懐《ふところ》具合が妙に重なります。

②業界を代表する銘柄を選ぶ。

東京証券取引所の業種区分は33業種です。とはいえ、その業種をすべて網羅《もうら》しても意味はないと考えました。

「海運」「空運」は社数が少なく、ましてや「石炭」などの業種は今後の社会を牽引《けんいん》していくとは想像できない。抜け落ちる「業種」はあるけれど、それは致し方ありません。

③時価総額の大きな銘柄、要は日々の出来高が多い銘柄を選ぶ。

現在の日本の株式市場は、1989年のバブル時のように、日本人だけで還流している市場ではありません。もはや日々の出来高の70％以上は海外投資家の売買が占めている状態です。

それらを鑑《かんが》みると、年金や投資信託などの機関投資家が比較的中長期で株式を保有してくれる銘柄かどうかも重要といえます。

各銘柄のファンダメンタルズを分析するより先に、まず、海外投資家や日本の機関投資家が投資できる基準を満たしている銘柄から選択するのが有効な戦略ではないか。

そして何よりも重視しなければならないのは、チャートの動きです。それが銘柄選択の肝《きも》となります。まあ、これは女神のバイブルの受け売りですが。

図表4-1で東証上場33業種における「株式時価総額トップ企業一覧（2024年4月1日時点）」を並べてみましたので、ぜひご覧になってください。あなたのイメージと異なる企業名がけっこう多いのではないでしょうか。しかし、これが現実なのです。

④社会性が高い銘柄、SDGsなどに寄り添っている銘柄を選ぶ。

これについては説明不要ではないでしょうか。

公共の利益に反する印象がある銘柄、たとえば「サラ金」などは排除しました。

⑤拡大再生産が可能な会社を選択する。

これについては説明がやや難しいです。私自身も事業を行っているのですが、常に意識しているのは、一つの商売を行い、その商売が起点となり、さらに大きな商売が生まれる。それが繰り返される。そうしたビジネスモデルにしたいのです。

図表4-1　東証上場 33業種別 株式時価総額トップ企業一覧

（2024年4月1日時点）

	業種	企業名
1	水産・農林業	サカタのタネ
2	鉱業	INPEX
3	建設業	大和ハウス工業
4	食料品	日本たばこ産業
5	繊維製品	東レ
6	パルプ・紙	王子ホールディングス
7	化学	信越化学工業
8	医薬品	第一三共
9	石油石炭製品	ENEOSホールディングス
10	ゴム製品	ブリヂストン
11	ガラス・土石製品	AGC
12	鉄鋼	日本製鉄
13	非鉄金属	住友金属鉱山
14	金属製品	SUMCO
15	機械	ダイキン工業
16	電気機器	キーエンス
17	輸送機器	トヨタ自動車
18	精密機器	HOYA
19	その他製品	任天堂
20	電気・ガス業	東京ガス
21	陸運業	東海旅客鉄道
22	海運業	日本郵船
23	空運業	ANAホールディングス
24	倉庫・運輸関連業	上組
25	情報産業	日本電信電話
26	卸売業	伊藤忠商事
27	小売業	ファーストリテイリング
28	銀行業	三菱UFJフィナンシャル・グループ
29	証券業	野村ホールディングス
30	保険業	東京海上ホールディングス
31	その他金融業	オリックス
32	不動産業	三井不動産
33	サービス業	リクルートホールディングス

「ベンチャーキャピタル」「M&A仲介」などの会社は、1件ごとの案件が終了すると、次の仕事はまた一から始めるしかありません。

自分の仕事がこうありたいという願いを込めて、拡大再生産ができるビジネスモデルでない会社は排除することにしました。

⑥特別な技術、高い世界シェアなどを保有している会社を選択する。

これもいうまでもないことです。成長を継続するための重要な要素だと考えるからに他なりません。

◆第一次選抜の投資候補銘柄が決定!

試行錯誤を繰り返し、私が決定した「第一次選抜」の「投資候補銘柄」は以下の精鋭たちとなりました（カッコ内は、「ティッカーシンボル」といって、日本株式の銘柄コードにあたるものです）。

1　キヤノン（７７５１）

2　ホンダ（７２６７）

3　日本電信電話（９４３２）

4　東京電力ホールディングス（９５０１）

5　三菱ＵＦＪフィナンシャル・グループ（８３０６）

6　ヤマハ（７９５１）

7　住友化学（４００５）

8　日揮ホールディングス（１９６３）

9　清水建設（１８０３）

10　五洋建設（１８９３）

11　オンワードホールディングス（８０１６）

12　三菱重工業（７０１１）

13　王子ホールディングス（３８６１）

14　ＥＮＥＯＳホールディングス（５０２０）

15　ニッスイ（１３３２）

お前らに
決めたぁぁ

16 東レ（3402）
17 コンコルディア・フィナンシャルグループ（7186）
18 コニカミノルタ（4902）
19 東海カーボン（5301）
20 JVCケンウッド（6632）
21 ALSOK（2331）
22 野村ホールディングス（8604）
23 三菱ケミカルグループ（4188）
24 LINEヤフー（4689）
25 楽天（4755）
26 システナ（2317）
27 パーソルホールディングス（2181）
28 日本精工（6471）
29 セブン&アイ・ホールディングス（3382）
30 小田急電鉄（9007）

銘柄の順番がバラバラになっているのは、私が思いついた順番だからです。銘柄のスカウト活動をする（『日本経済新聞』を読んだり、WEBの経済ニュースを観たり、『会社四季報』を眺めたりする）なかで、気に入った順番にピックアップしたものです。

もちろん、この候補以外にも有力投資候補はたくさん存在しましたが、どこかで切り捨てて整理をしないと先へは進めません。

特徴のある会社に関しては、「代打の切り札」「足のスペシャリスト」のように、常時注目してはいませんが、気になる候補先としてメモにはとどめています。そのなかには、有望なバイオベンチャー株なども含まれています。

◆少額投資の原則は「集中投資」に限る

ここで、女神から以下の忠告を受けたので、ご紹介します。

「卵は一つの籠《かご》に盛るな」

昔から言われ続けてきた投資の格言です。リスクを分散し、資産の安全を図れとするものです。

けれども、この格言が機能するのは、資産の規模が大きいときという条件がつきます。

たとえば、万を超える敵に攻められているときに、100人足らずの味方を分散させて防衛にあたるというような策は、よほど防衛戦力に差がないかぎり取りうる戦略ではありません。

「卵は一つの籠に盛るな」という戦略は、大軍で敵を攻めて遺漏《いろう》なく戦果を挙げるための戦略です。ある程度の資金を分散する手法は後述します。

卵が少ないときには、少ない卵を使って、いかにいい料理を完成させるかに集中すべきなのだと、私は考えました。


投資を少額から始める場合は「集中投資」が原則だと女神にいわれました。

30万円、50万円という小額投資を何銘柄にも分散して、まして、成果が期待できる期間も分散させているようでは、投資での成功はおぼつきません。

少額のときは、株式投資で、動意づいている銘柄に集中投資をすべきです。投資資金を多くても3銘柄に絞り（このあたりは分散してリスクを若干回避しています）、一点突破を図ります。

加えて、女神に繰り返し指摘されてきたように、リスク管理は「逆指値注文」で行います。

10％を目途に（現実的には10％を超える銘柄の場合は20％程度まで上昇する可能性が高く、10％に届かないときは5％から8％程度にとどまることが多くなります）利益を確定し続けて、まずは自身の兵力＝資産を増強することを考えるべきです。

どの程度の兵力＝資産になれば「分散投資」を考えるべきか？

現状では最低1000万円以上からだと考えています。それ以下の資金では、分散効果も少なく、また、分散してリスクを避けるほどのリスクの影響も大きくはないと考えるからです。

◆最大のリスクを回避するのが「逆指値注文」

女神が指摘した、そもそも「分散」しなければならないリスクとはどういうものでしょうか?

リスクとして想定されるものを以下に挙げます。

①株式市場の暴落により上場している銘柄すべてが下落する。
②インフレの到来などにより、金利が上昇して、保有している債券などの価格が下落する。
③投資した株式が下落する。
④為替が急変動する。

「卵は一つの籠に盛るな」という格言は、言い換えると、すべての資産を一つの銘柄で勝負するな、ということだと考えます。

同様に、**「命金《いのちがね》には手を出すな」**という格言もあります。これも同じ意味です。

「リスク」と「リターン」は正比例します。投資をするときには、リスクはどこに存在しているのか。リスクに見合うリターンはどの程度と考えるかという点を整理しておくのは当然のことです。

株式投資におけるリスクは、株価下落の一点に尽きます。リターンに関して、儲かればいいなどと考えるのではなく、明確にリターンのイメージを10％なら10％と定めておくべきです。そもそも、リターンが明確ではないリスクを取ることなどあり得ません。

リターン目標を定め、リスクを取ると決めたからには、格言に学ぶまでもなく、リスクの回避をどのように行うかを決めればいいのです。

株式相場は、上昇時には買い需要が強く、常に下値を切り上げていきます。相場が下落に転じるときには、必ず下値が切り下がります。よって、相場変動のこの法則に従ってリスク管理を行います。

つまり、株価の上昇に合わせて、日々「逆指値注文」をリスク回避策として実行するのです。これだけで株式投資の最大のリスクである「株価の下落」「相場の反転局面」で大きな損失を出すことを回避できます。

「卵は一つの籠に盛るな」とする格言は、この「逆指値注文」という仕組みができる前の時代のものです。

戦術や手法の進化により、格言も変化すべきと考えます。

◆新時代の資産三分法は「現金」「株」「NISA積み立て投資」

それでは、資産が大量にある場合の分散手法はどうするべきでしょうか？

かねてより「資産の三分法」として、現金、不動産、有価証券に分散させるのが上策といわれてきました。

「現金」は、日常生活に必要なもの。

「不動産」は将来のインフレに備えるもの。

「有価証券」は預金金利以上の利息を獲得して資産を増やすためのもの。

以上が、古来からの考え方です。

ところが、この資産三分法は、分散させる資産の金額が相当に多くなければ対応できるものではありません。１０００万円程度の資産では、現実的な分散法ではないのです。

では、現在はどう考えればいいのでしょうか？

現金は、ある程度は保持する必要があります。いついかなる時代でも「キャッシュは王様」ですから。

次に、不動産に代表される「インフレ」対応はどうすればいいのか？

私は、有価証券で対応すべきだと考えています。

インフレが緩やかに継続することが資本主義社会の基本です。インフレは物の価値が上昇していくこと、つまり、貨幣価値が減衰《げんすい》していくことを表します。

経済活動が活発で、さまざまな事業が付加価値を生み出していくときは、通貨の量が増加していきます。通貨量が増加していけばインフレになる。これはやむを得ないことなのです。

ポイントは、インフレの要因は経済の成長にあるということです。

インフレ対応のリスク回避策とは、経済の指標である「インデックス投信」を継続的に積み立てていくことだと考えています。

ちょっぴり難しいことをいいましたが、要は、「新ＮＩＳＡ」制度を活用して、「積み立て」投信を購入するということです。

購入すべき投信は「S&P500」もしくは「日経225」の指数に連動した商品を選択することです。インフレに連動して、これらのインデックスは上昇します。

不動産価値はインデックス以上に変動することがありますが、換金のしやすさや流動性などを考えると、インデックス投信のほうがはるかに優位です。

資産三分法のなかの不動産に対しては、NISAでの「積み立て」で対応します。「株式投資」は有価証券投資の王様だと考えています。株式投資で、有価証券枠の資産を増やしてください。

資産が増えすぎたり、株式投資に疲れた場合、どうするか?

そのときは緊急避難で待機資金として活用すべき有価証券があります。それが「ドル建てMMF」です。

ドル・円の為替変動が日々極端な動きをしないかぎり、このドル建てMMFはきわめて有効な投資手法です。日々入金と解約が可能です。金利はアメリカの短期国債などの短期金利に連動しています。現在のアメリカは短期金利のほうが長期金利より高い状態（逆イールド現象）が続いています。

そのため、ドル建てMMFの金利は4・5％以上の高い金利を享受できます。しかも、解約に規制はありません。

私は、新時代の「資産三分法」は「現金」「株」「NISA積み立て投資」だと考えています。

自身の資産を分散すべきだと考えた際には、この新時代の資産三分法をぜひ考えてください。

以上が女神からの忠告でした。

！ここが成功へのポイント

◎投資資金を決め、多様な業種からあらかじめ銘柄候補群を30抽出する。

◎銘柄候補群から３銘柄に絞り込んでいく。

◎リターン目標は３カ月で10％をイメージする。

◎新時代の「資産三分方」は、「現金」「株」「ＮＩＳＡ積み立て投資」だ。

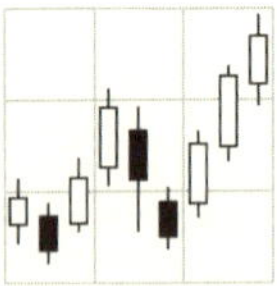

当初の目標は、
投資資金を1年後に40%アップ以上。
ところが、わずか6カ月で
投資資金が140%になった手法とは?

第5章

投資の実践編②

実践! 「私」の株式投資の結果

- どのようにして投資銘柄を3つに絞り込むのか?
- 「買い」と「売り」のタイミングとは何か?
- 「逆指値注文」を必ず行う理由とは何か?

◇10銘柄から3銘柄に絞り込む

投資開始日を2023年10月1日としたことは先に記しました。投資の前に、第一陣で出撃させる銘柄を選択しなければなりません。

私はまず女神のアドバイスどおり、「週足チャート」を眺めることから始めました。第一次選抜で選んだ銘柄は以下のとおりです。

1　キヤノン（7751）
2　日本電信電話（9432）
3　東京電力ホールディングス（9501）
4　三菱UFJフィナンシャル・グループ（8306）
5　オンワードホールディングス（8016）
6　三菱重工業（7011）
7　ENEOSホールディングス（5020）

8　ニッスイ（1332）
9　野村ホールディングス（8604）
10　コンコルディア・フィナンシャルグループ（7186）

2023年9月、私はとりあえず10銘柄を選択しました。とはいえ、やはりこれでは多すぎます。そもそも多くの銘柄に投資したからといって、決して効率がいいとはいえません。集中投資は女神の教えでもありますし、是が非でも絞り込まねばなりません。

投資資金300万円、一銘柄100万円ずつ、つまり3銘柄に絞り込むのです。

私は「週足」で絞り込んだ後、「日足」で動きを分析することにしました。その後に、「月足」で、この数年間の株価の推移を分析しました。

自分の虎の子の投資資金を元手に、初めて戦略的な株式投資に挑む、記念すべき開幕戦が近づいてきました。

◆先発はキヤノン、三菱重工業、野村ホールディングス

開幕戦は気分よく迎えたい。すべての投資家はそう願うものです。

ところが、2023年9月末から日経平均の下落が止まりません。いわゆる「地合いが悪い」ということでした。

地合いがよいときは、仮に悪材料が発出しても、マーケットがそれを受け止めて、株価は下げにくくなります。地合いが悪ければ、その逆で、たいした悪材料でもないと思われることが、マーケット全体を壊してしまうわけです。

盛り上がった意気込みがやや削《そ》がれてしまったものの、私自身のモチベーションは高いまま維持できていました。

「相場は相場に聞け」とする格言があります。女神もたびたび口にするものです。相場とはありとあらゆる材料を織り込むものだから、決して自身の相場観に溺《おぼ》れてはならない。私はひたすら地合いが好転するのを待つことにしました。

とはいえ、買う気満々なだけに、はやる気持ちを抑えるのが大変でした。

最終的に私が選んだ先発メンバーは、以下の３銘柄です。

キヤノン　２００株
三菱重工業　１００株
野村ホールディングス　２０００株

これが私の初陣を飾るメンバーです。

キヤノンは昔から好きな、精密機器の日本の代表格。とにかく私にとってはイメージが断トツによい企業でした。

ところで、あなたはキヤノンの社名の由来をご存知でしょうか？　１９３３年にカメラの試作機につけられた名前は「カンノン（ＫＷＡＮＯＮ＝観音）」で、当時の経営陣は観音様のご利益《りやく》に与《あずか》り、世界一のカメラメーカーになりたいとの夢を託したと、社史に書かれています。

試作機ＫＷＡＮＯＮが時代を経て、現社名のＣＡＮＯＮ＝キヤノンとなります。ですから、社名をカタカナで表記するときには、「キャノン」は間違い。社員の皆さんに叱られてしまいます。

私がそのことを知ったのは、サラリーマン時代。海外勤務で現地のキヤノン販売董《とう》事長《じちょう》（会長）とのやりとりでした。ＦＡＸの宛名にしつこく「キャノン」と綴《つづ》る私に業を煮やして、現地の酒場でキヤノンの社名について説教さながらのレクチャーを受けたのです。そのことで、私のキヤノン愛はさらに増幅されました。

三菱重工業は今後、日本の国策面でおおいに期待される防衛関連企業だからです。株価は少し高いですが、致し方ありません。少年時代から戦闘機・戦艦フィギュアマニアの私からすると、買いたい銘柄の一つだったこともあります。

野村ホールディングスは、証券業界への挨拶のつもりで選びました。私の株式投資が成功するときには、日本の証券会社トップ銘柄の株価も上がっていくに違いないと考えたのです。

こうしてスタンバイ完了。あとはチャートの形の変化を待つのみとなりました。

先発は…
お前と
お前と
お前っ
TOPIX
BLUE OCEAN
CANON
10
NOMURA
8
SHIMIZU
3
HOYA
4
TOYOTA
5
HONDA
22

◆10万円の利益に対する女神の評価と忠告とは

ゲートインした競走馬のような精神状態だった私は、それでも自分なりに最大限の我慢をしたつもりでした。

そして、いよいよその日が到来したのです。10月6日、キヤノンと野村ホールディングスに投資を開始しました。

女神のバイブルにあったように、「N」の形が形成されたところで買いに入ったのでした。

キヤノン　買値：3511円　200株　70万2200円

野村ホールディングス　買値：592・5円　2000株　118万5000円

そして10月10日に三菱重工業に投資をしました。

三菱重工業　買値：8060円　100株　80万6000円

合計269万3200円

私としては、人生初の大投資となりました。

当然ながら、女神の教えに従い、あくる日から「逆指値注文」は忘れずに実行しました。

結果は思いのほか早く出ました。逆指値注文に早々にタッチしてしまったのです（図表5－1の①②、5－2の①②、5－3の①②参照）。

キヤノン：3707円　10月20日　利益：3万9200円
野村ホールディングス：611・3円　10月12日　利益：3万7600円
三菱重工業：8348円　10月13日　利益：2万8800円
合計利益：10万5600円

とりあえず損はしませんでしたが、この結果は、自信満々であった気持ちからはずいぶんと乖離《かいり》していました。

私は早速、この結果の報告と次なる投資の相談をするため、女神のもとを訪れました。銘柄選択が間違っていたのか、売買タイミングがどうなのか、を確認したかったのです。

図表5-1　キヤノン(7751)日足／2023年10月～12月

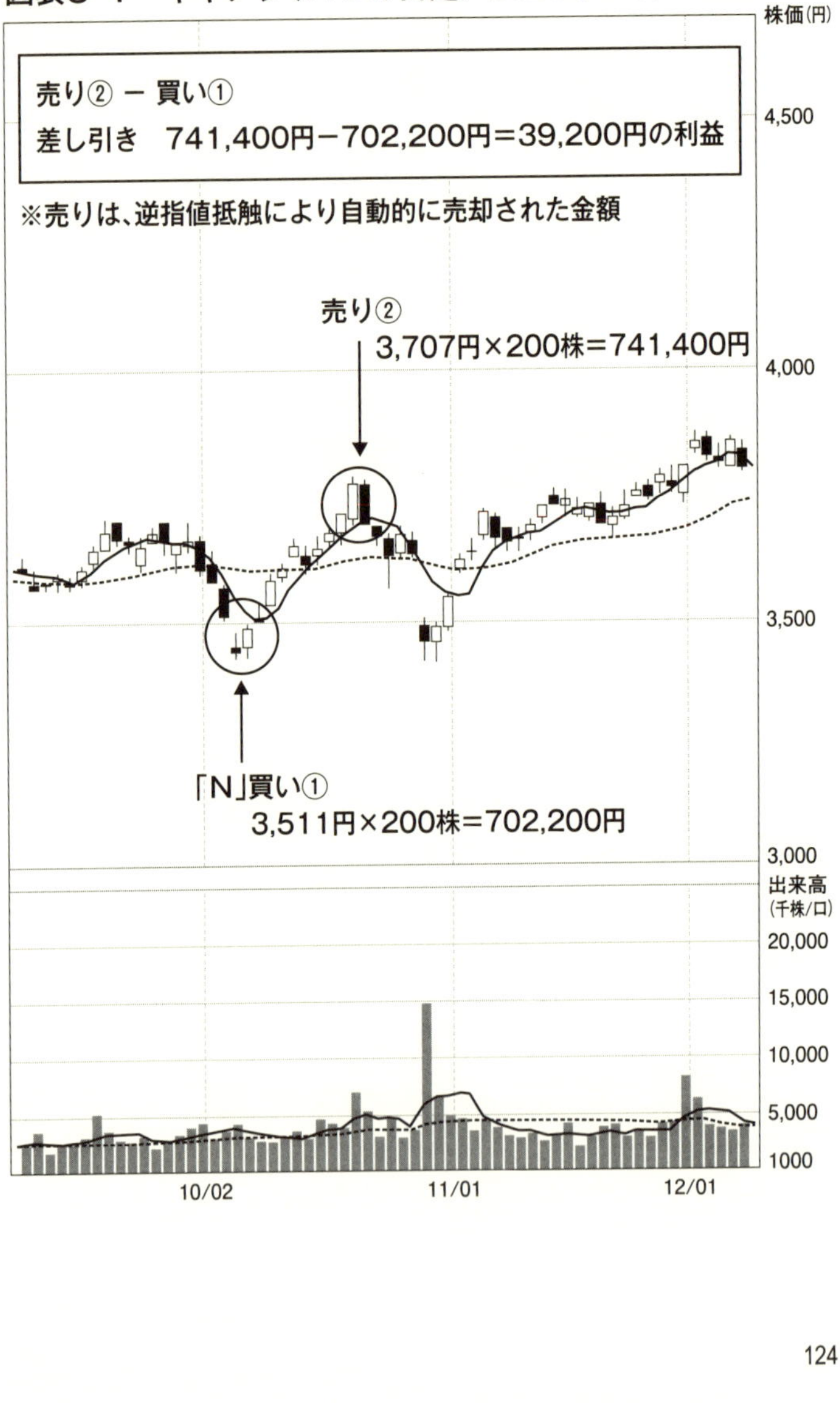

図表5-2　野村ホールディングス(8604)日足／2023年10月～12月

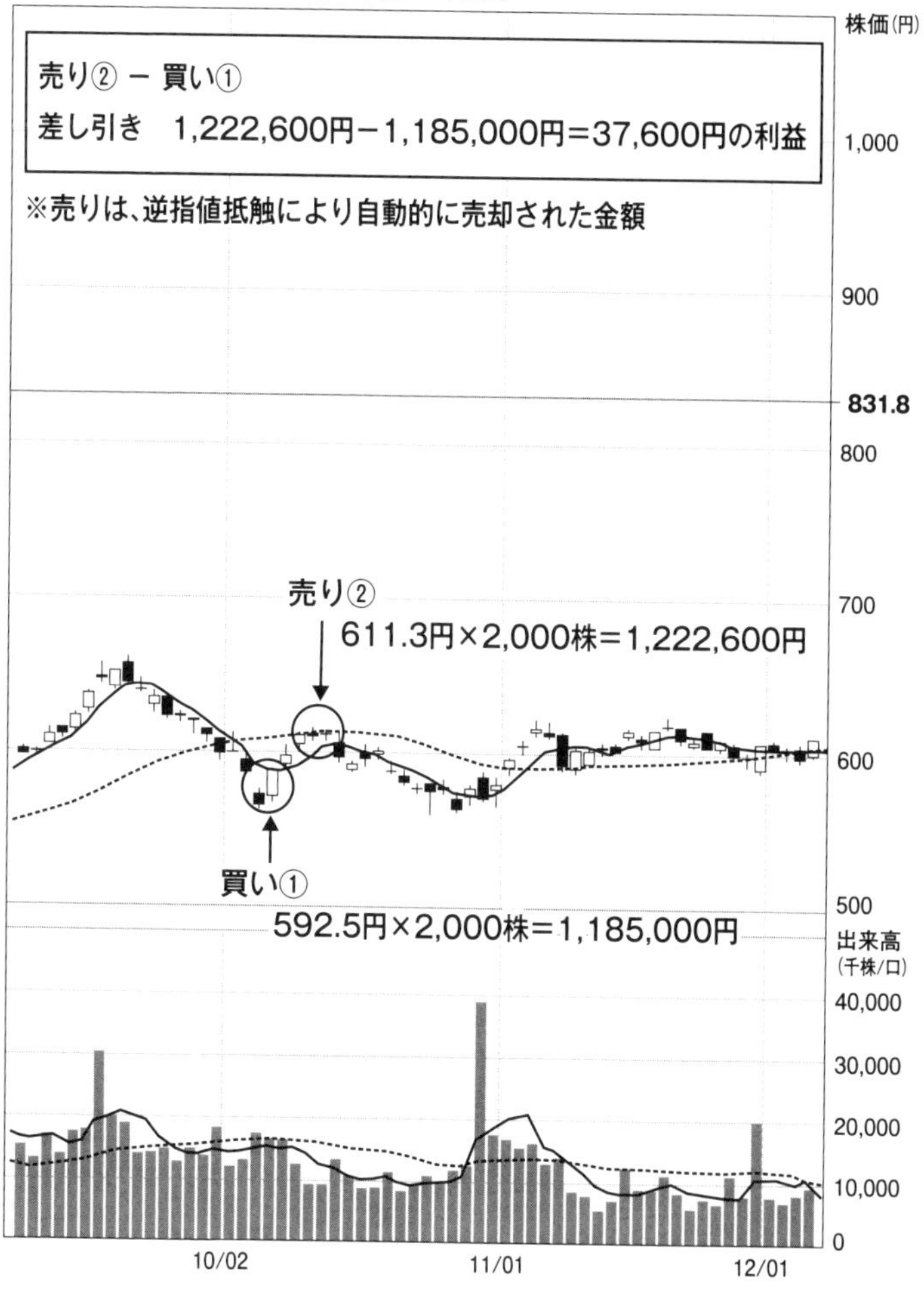

図表5-3　三菱重工業(7011)日足 ／2023年10月～2024年1月

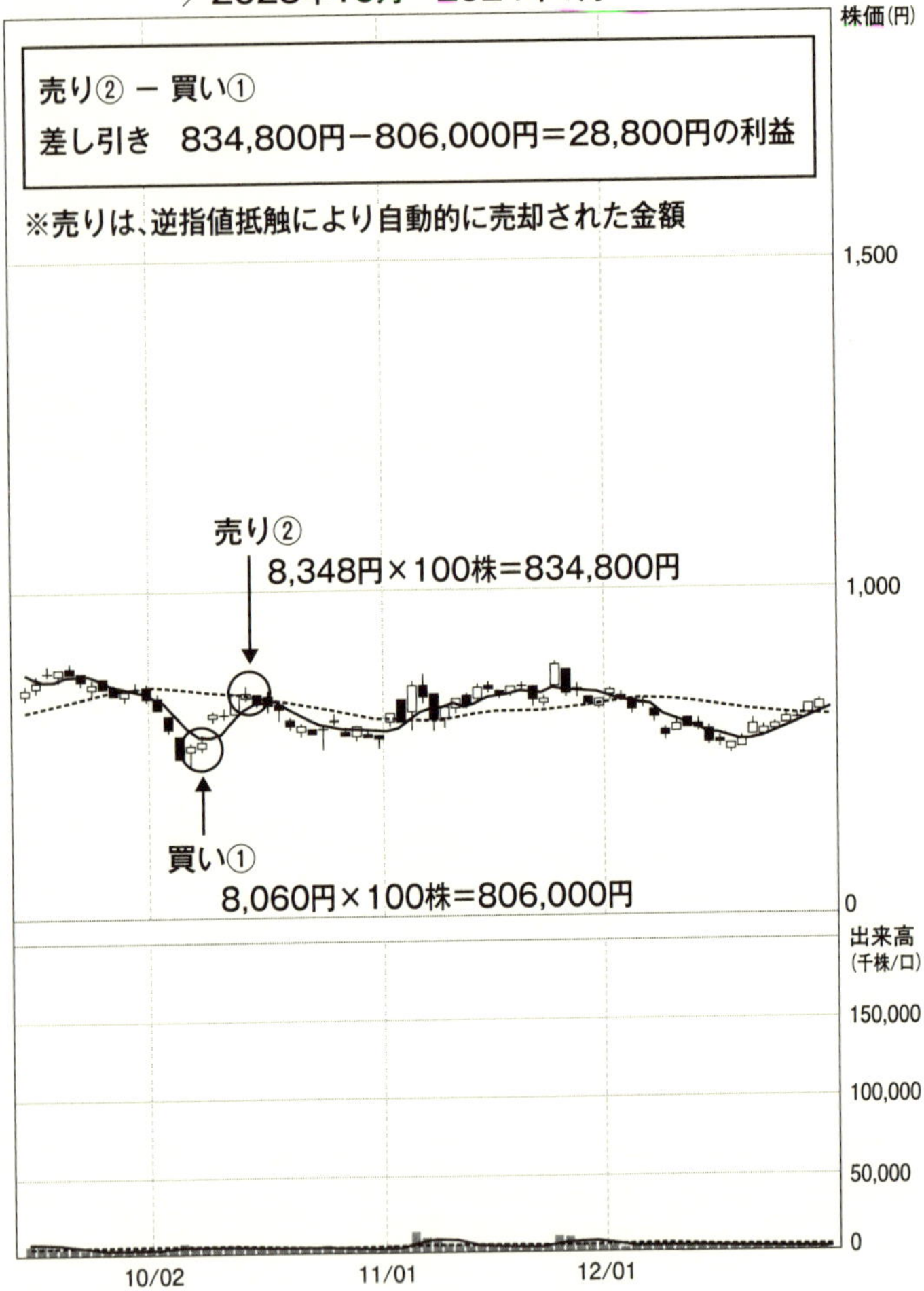

女神が話してくれたのは、おおよそ次のようなことでした。

「あなたが私のバイブルをきちんと読み込んでいることはよくわかりました。最初の成果としては大変優秀だと思います」

「金の投資家の第一歩である逆指値注文がきちんとできたことが、とくにいいと思います」

「金の投資は〝貧者の投資〟とでもいうべきものです。投資資金が少ないときは、投資資金を確保しながら、いかに増やしていくかという投資手法です。投資資金が多ければ、多いなりの投資手法が必要です。でも、あなたや多くの個人投資家にとって必要なのは、この貧者の投資手法なのです」

「あなたはご存知でしょうか？　旧ソビエト連邦軍が採用したカラシニコフ銃が安価で壊れにくく、そのため貧者の兵器として、第二次世界大戦から今日に至るまで、いまだに使われていることを。金の投資はカラシニコフ銃のように、長く戦い続けられることを目的としている手法なのです」

「継続して投資を行ってください。銘柄のチャート分析は変わらずに行って、タイミングを計ることです。とにかく、**『継続は力なり』**という鉄則を忘れないことです」

「そうそう、11月は3月決算会社の半期決算であり、9月決算会社の本決算が開示される月です。そのため、半期決算、本決算ともに重要な決算であり、決算開示は株価が急変する原因となります。とくに相場の動きが停滞してくると、『AI投資』などと称して、激しく乱高下することがよくあります。初陣が終わったばかりのあなたのレベルでは、こうした変化に巻き込まれて、立ち直れないほどのダメージを被《こうむ》る可能性があります」

「心配はありませんよ。決算時期が過ぎて12月に入ったら、またチャンスが来ます。とりあえず、私のお勧めは、11月はお休みすることです。金の投資には**『休むも相場』**という格言もあるのですよ」

◆半年で利益目標120万円を達成！

女神のご託宣に従い、私は11月はチャートは見るものの、投資としての出動はしませんでした。何回か投資に入ろうとしましたが、女神のご託宣に背《そむ》くことはできません。

私は出動しないまま、11月が過ぎました。12月に入っても、目に見えて相場の動きがよくなったとは思えませんでした。引き続き、「休むも相場」という格言に従わなければならないと考えました。毎日のようにチャートを見ているのですが、なかなかタイミングがつかめないのです。

とりわけ初陣で結果が出た3銘柄に、私は必要以上に固執《こしつ》していました。ところが、なかなか期待どおりのチャートの形ができてこないのです。投資をしたくて仕方がない私はうずうずしていました。

そうこうするうちに、日経平均が心持ち動き始めました。

「行くぞ！」と私は自身に気合を入れました。

最初に投資したのは、チャートの形がいいと思った**野村ホールディングス**（8604）でした。株数は最初と同じ2000株で勝負に出ました。

以下、私の執念の売買を記すことにします（**図表5－4参照**）。

12月19日　買い①　625・6円　逆指値抵触　12月25日　売り②　628・8円

2024年8月

野村ホールディングス(2000株)の結果

	買い	売り	差額	利益
①②	625.6円	628.8円	3.2円	6,400円
③④	635円	672.2円	37.2円	74,400円
⑤⑥	689.8円	728.7円	38.9円	77,800円
⑦⑧	742.1円	795円	52.9円	105,800円
⑨⑩	828.3円	851.5円	23.2円	46,400円
⑪⑫	870円	967.5円	97.5円	195,000円
合計				505,800円

図表5-4　野村ホールディングス(8604)日足／2023年10月～

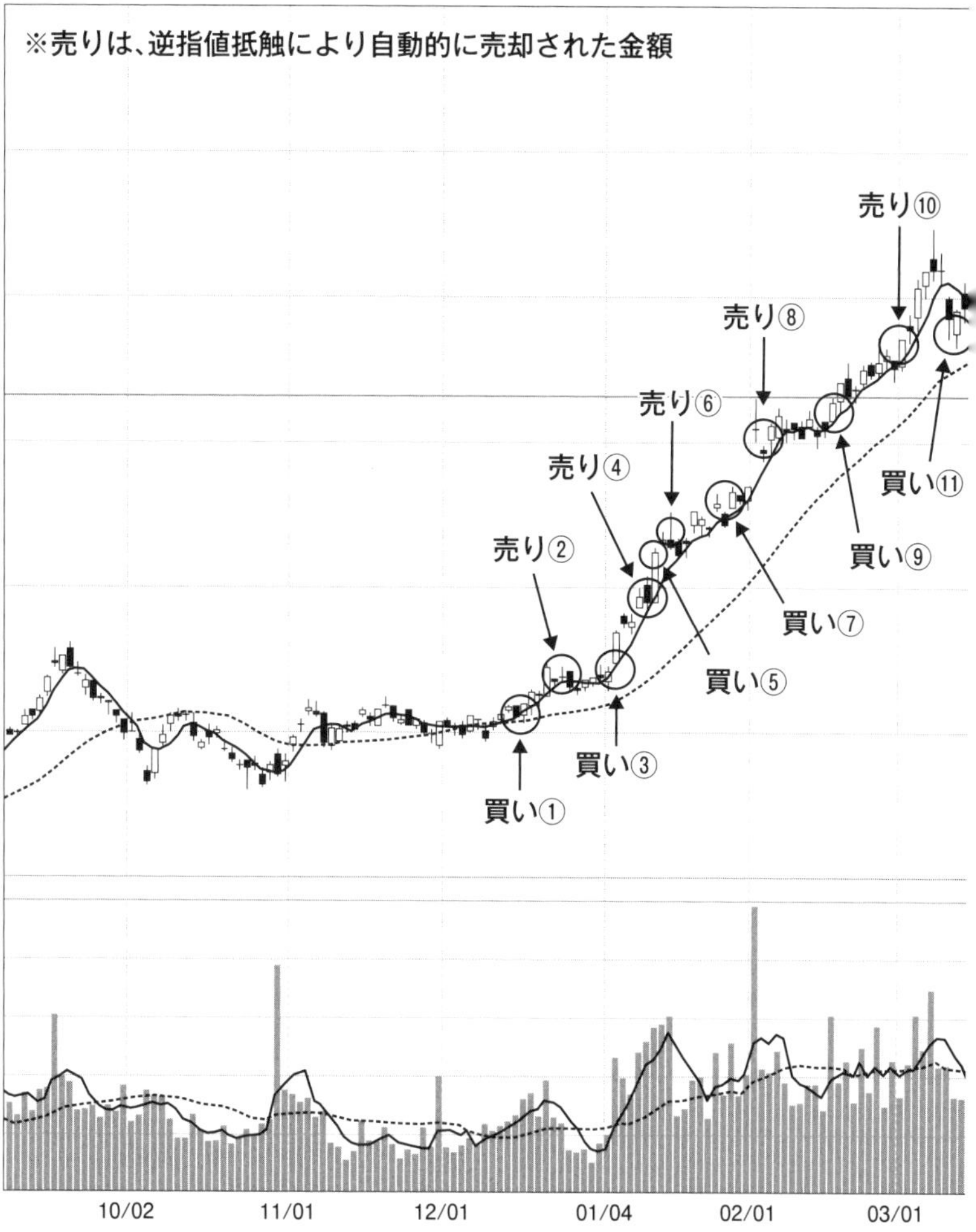

1月4日　買い③　635円　逆指値抵触　1月10日　売り④　672・2円
1月15日　買い⑤　689・8円　逆指値抵触　1月16日　売り⑥　728・7円
1月24日　買い⑦　742・1円　逆指値抵触　2月2日　売り⑧　795円
2月19日　買い⑨　828・3円　逆指値抵触　2月29日　売り⑩　851・5円
3月4日　買い⑪　870円　逆指値抵触　3月29日　売り⑫　967・5円
合計利益：50万5800円

逆指値で引っかかると自動的に売却されるのはいわずもがなです。正直に申し上げて、自動売却の後すぐに株価が反転、私は幾度か利益を取り逃がしていました。

売買回数が増えているのは、私がいささか頭に来ていたからでした。とはいえ、「女神のご託宣」には従おうと決めたからには致し方ありません。売買回数が多いのは、私の反骨の精神とでも思ってもらってもかまいません。

日を置かずに投資を開始したのは次の銘柄でした。

三菱重工業（7011）　100株

三菱ＵＦＪフィナンシャル・グループ（８３０６）　１０００株

キャノンを外したのは、思うようなチャートの形が出なかったからでした。つまり、選手交代です。野球の試合でもよくあることですから。

〈三菱重工業〉

12月21日　買い①　７７３・６円　逆指値抵触　1月4日　売り②　８１８・３円

1月5日　買い③　８４１・７円　逆指値抵触　1月17日　売り④　９３２・５円

2月2日　買い⑤　９９０・３円　逆指値抵触　2月21日　売り⑥　１１３９円

3月18日　買い⑦　１２４２円　逆指値抵触　4月1日　売り⑧　１４４８・５円

（10分割されているので換算している）

この銘柄についても、株価のブレによる逆指値へ抵触、ずいぶん悔しい思いをしました（**図表5−5参照**）。

合計利益：49万０７００円

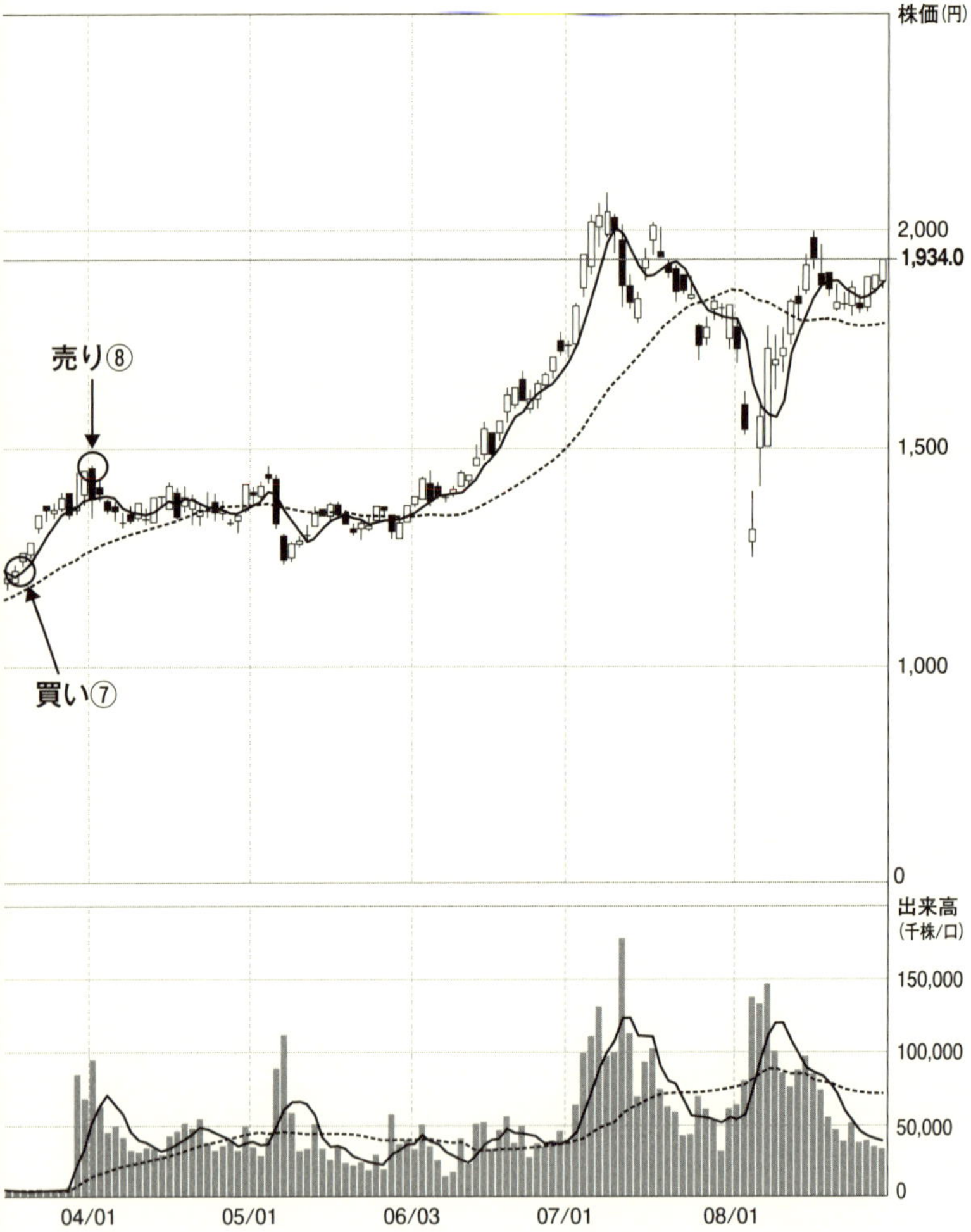

株価(円)
2,000
1,934.0
1,500
1,000
0
売り⑧
買い⑦
出来高
(千株/口)
150,000
100,000
50,000
0
04/01
05/01
06/03
07/01
08/01

図表5-5　三菱重工業(7011)日足／2023年10月～2024年8月

※売りは、逆指値抵触により自動的に売却された金額

三菱重工業(100株)の結果

	買い	売り	差額	利益
①②	773.6円	818.3円	447円	44,700円
③④	841.7円	932.5円	908円	90,800円
⑤⑥	990.3円	1139円	1,487円	148,700円
⑦⑧	1242円	1448.5円	2,065円	206,500円
合計				490,700円

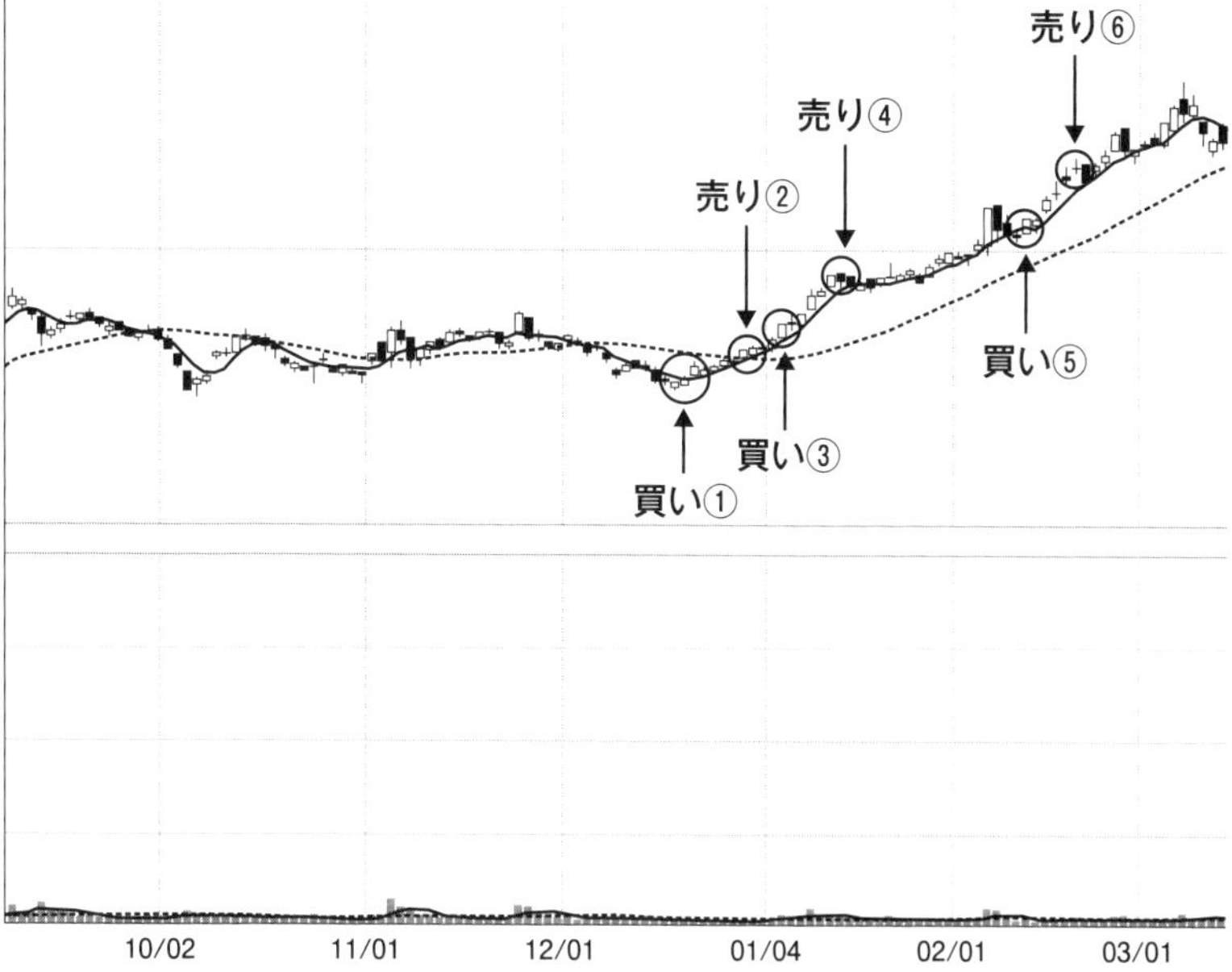

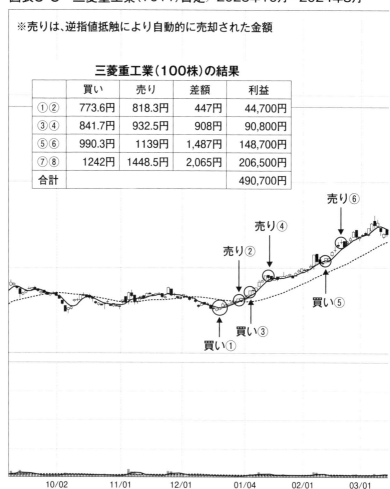

〈三菱ＵＦＪフィナンシャル・グループ〉

12月22日　買い①　１１８６・５円　逆指値抵触　　　　　売り②　１２０５円
1月4日　買い③　１２１２円　逆指値抵触　1月10日　売り④　１２５２円
1月12日　買い⑤　１２８０円　逆指値抵触　2月2日　売り⑥　１３７８円
2月14日　買い⑦　１４１０・５円　逆指値抵触　2月15日　売り⑧　１４０５円
2月16日　買い⑨　１４１６円　逆指値抵触　2月21日　売り⑩　１４８１・５円
2月27日　買い⑪　１５１７円　逆指値抵触　3月11日　売り⑫　１６０７円
合計利益：30万６５００円（**図表5−6参照**）

3銘柄の合計利益は１３０万３０００円となりました。初陣の利益が10万５６００円でしたので、合計１４０万８６００円という成果を挙げたことになります。

当初立てた、投資資金３００万円の年間増額目標１２０万円を、始めてから半年で達成したのです。

年間目標達成を果たしたとはいえ、私の投資候補銘柄のチャートを眺めると、あまりいい形が見つからなかったのも、事実として認めなければなりません。

ここは女神のご託宣どおり、「休むも相場」ということにすべきなのかもしれないと思っていたところに、女神から連絡をもらいました。

「チャートの形が調整局面入りを示しています。模様眺めをしてくだされば幸いです。でも、どうしても入りたい場合には、例によって逆指値注文を忘れずに」というメールでした。加えて、「はらみ足」「ラッパ足」の状況を思い出してほしいとのアドバイスもありました。

何はともあれ、私の戦略的株式投資の初年度は目標を達成しました。自分は株式投資に向いている……内緒ですが、自分は株式投資の申し子かもしれないな、と心の中で自分をほめたこともありました。

ところが、自信過剰になるときに待ち受けているのが、好事魔多しという落とし穴なのでした。

10月～2024年8月

三菱UFJフィナンシャル・グループ(1000株)の結果

	買い	売り	差額	利益
①②	1,186.5円	1,205円	18.5円	18,500円
③④	1,212円	1,252円	40円	40,000円
⑤⑥	1,280円	1,378円	98円	98,000円
⑦⑧	1,410.5円	1,405円	▲5.5円	▲5,500円
⑨⑩	1,416円	1,481.5円	65.5円	65,500円
⑪⑫	1,517円	1,607円	90円	90,000円
合計				306,500円

図表5-6　三菱UFJフィナンシャル・グループ(8306)日足／2023年

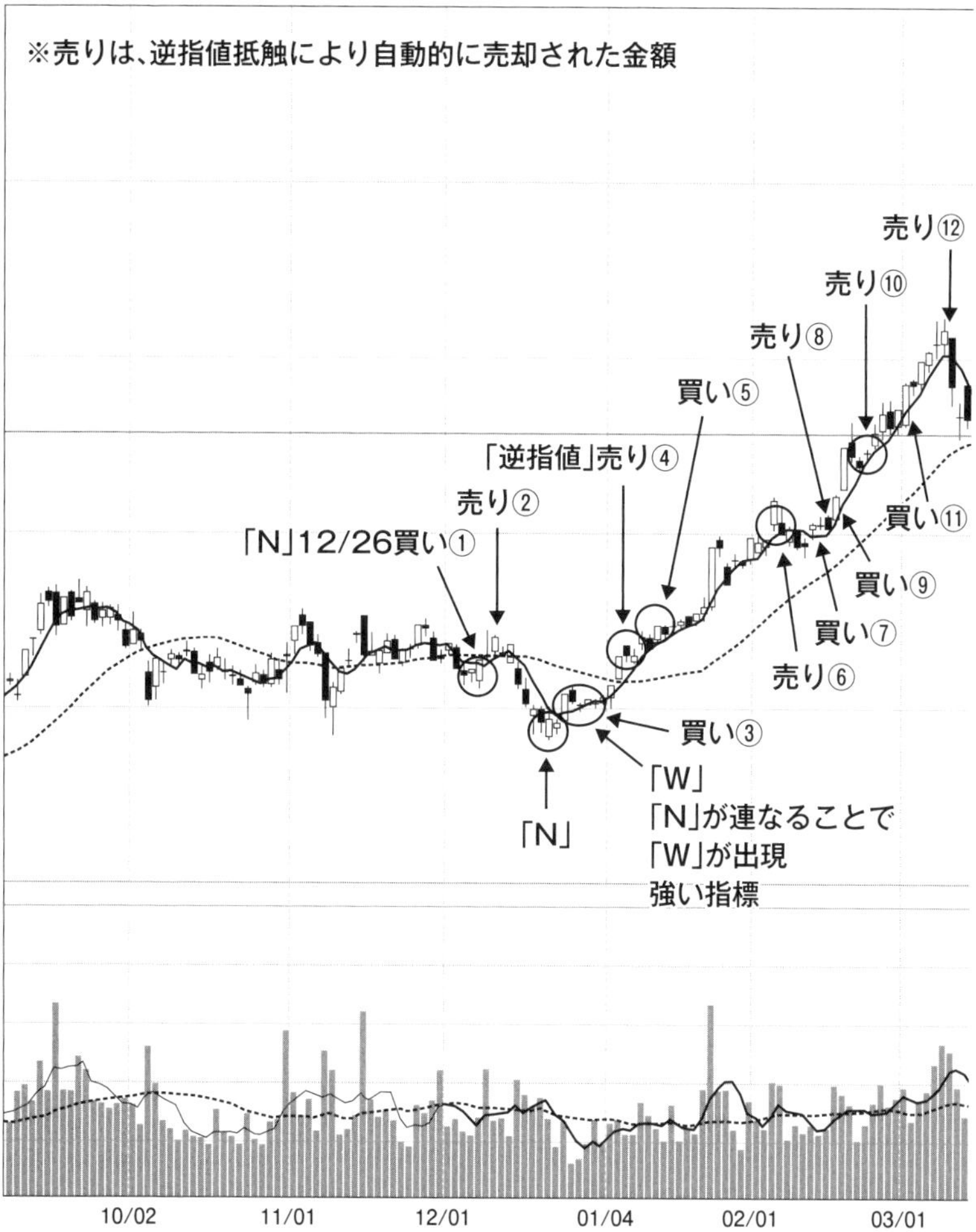

ここが成功のポイント

◎銘柄候補群から10銘柄→3銘柄と絞り込んでいく。
◎選出方法は、チャートを見て「週足」で絞り込み、次に「日足」で動きを分析し、最後に「月足」でこの数年の株価の推移を分析する。
◎3銘柄のチャートを日々観察し、「N字型」「W字型」が形成されたタイミングで買いに入る。
◎ただし、必ず「逆指値注文」を行うことを忘れてはいけない。
◎抽出した3銘柄以外にも、有力候補が出てくる可能性があるので、1日15分ぐらいで、他の銘柄候補群のチャートも観察する。
◎3銘柄のなかで期待通りのチャートの形ができてこない場合は、再投資するか、銘柄候補群から他の銘柄を選出する。野球にたとえると、選手交代である。

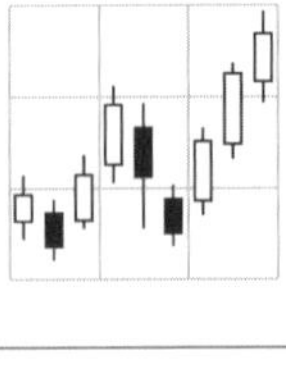

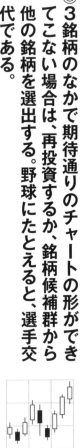

ハハハ
ハハハハハハ
ハハハハ
ハハハハ
フフフフ
フフフフフフフ
フフフフ
フフ
壱万円
10000
有価証券

株式投資の最大のストレス、
株価下落から心と投資資金を守る方法！

第6章

投資の実践編③

失敗から学んだ投資の鉄則

- 銘柄のチャートをチェックして「N」を見つけるには?
- 「逆指値注文」に抵触して「売り」の後はどうするか?
- 株式コメンテーターの理論は、ほんとうにあなたに適応できるのか?

◆女神に逆らい「逆指値抜き投資」に挑戦

女神のバイブルと説得力ある指導のおかげで、私は当初の年度目標を早々と達成しました。しかしながら、内心、不満もありました。

それは、「逆指値注文」でした。あなたも学ばれた「指定した価格以上になれば買い」、あるいは「指定した価格以下になれば売り」とする女神直伝の注文方法です。

私はこの注文方法で救われたこともありましたが、わずかな利益で売却を余儀なくされたり、小幅であるものの損をしたこともありました。

ですから、逆指値注文についてては、相場観に自信があれば行う必要はないのではなかろうか。現実的にスルーして継続保有していれば、もっと利益が出ていたのではなかろうか？　私の胸中にフツフツと、反骨心が生まれてくるのを抑えられなくなってきたのです。

やってはいけないことは重々承知のうえで、ここは一番勝負して、女神の鼻を明かしてみたいと思うに至りました。

初期の成功に気をよくした私は、「逆指値」をしないほうが儲かるのではないかと考え始めていました。自分自身の投資センスに自信を持ったのです。「結果を出して、自分の異才ぶりを女神に見せつけたい」という高揚感は募るばかりでした。

勝負銘柄は、次の三銘柄です。

清水建設（1803）　1000株
住友化学（4005）　3000株
コンコルディア・フィナンシャルグループ（7186）　1000株

気前よく1000株単位に決めました。そして三銘柄とも、「N」ができるのを見計らって、入りました。経過は以下のとおりです。

4月4日　住友化学　346円　3000株　103万8000円
4月5日　コンコルディア・フィナンシャルグループ　755・3円　1000株　75万5300円
4月16日　清水建設　880円　1000株　88万円

合計267万3300円

いずれの銘柄も、女神のバイブルに従って、「N」が出現するのを粘り強く待ってからでした。

◆仕事中も株価が気になりストレス倍増に

ところが、残念ながら、首尾は上々にというわけにはいかなかったのです。

先陣役として自信を持って投資した住友化学が思ったとおりには動いてくれません(**図表6－1参照**)。

住友化学は、長く株価が下落しており、そろそろ反転してもよいタイミングではないかと市場では考えられていました。長い下落で株価が詰まったと見たのです。

4月23日に367円の高値をつけたとはいえ、プラス20円高程度の株価では売れません。その後、株価はしだいに下落し、4月30日には思わぬ下落を見ました。そこでおじけづいた私は、大引け(後場《ごば》の最終取引)で売ってしまったのです。

図表6-1　住友化学(4005)日足／2024年４月～６月

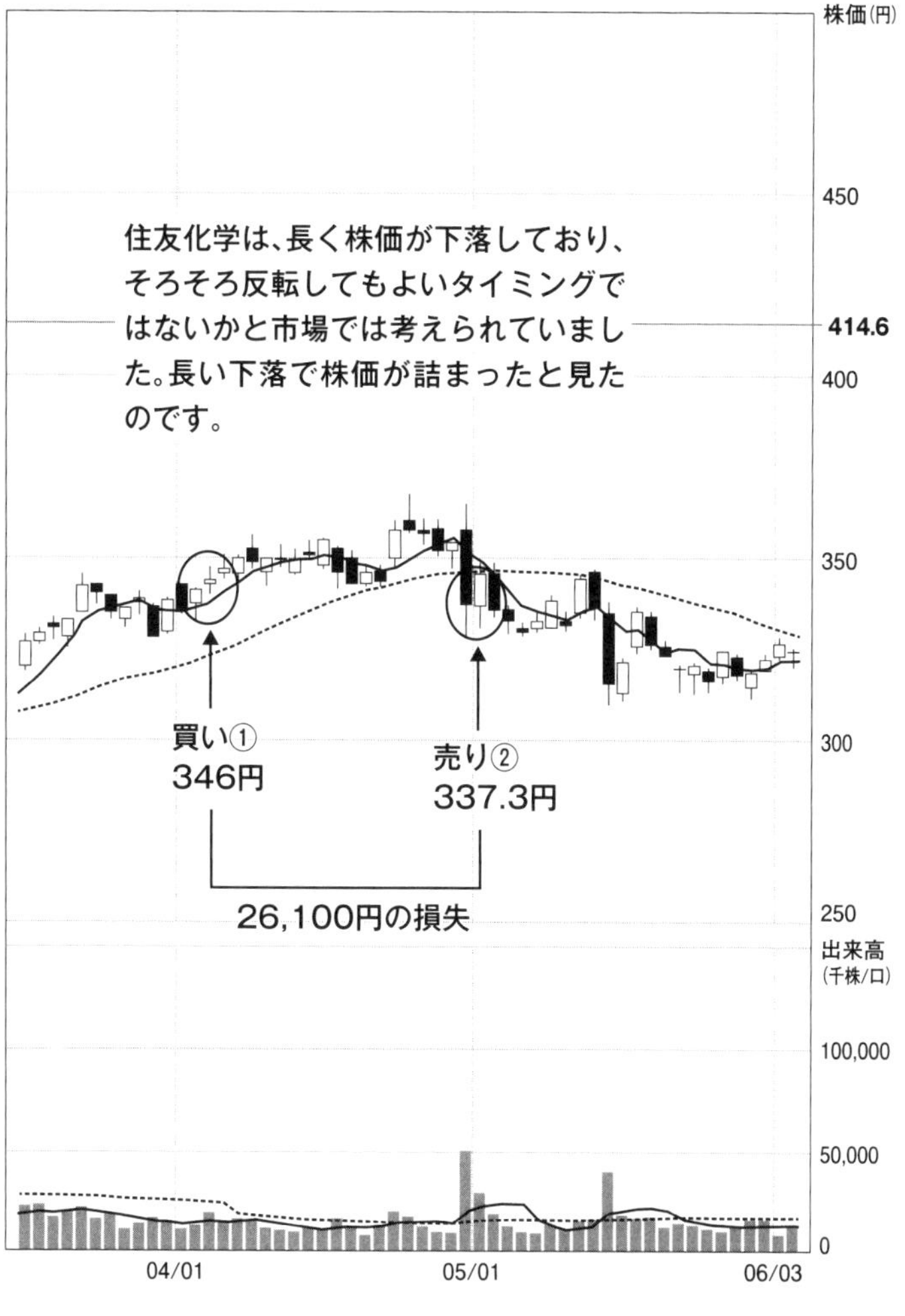

337・3円で売却。2万6100円の損失でした。これは女神に教わり始めて以来、二回目の失敗となりました。

失敗に終わった住友化学の次に投資したコンコルディア・フィナンシャルグループの株価は順調に推移しました（**図表6-2参照**）。

当然、投資した銘柄が上昇しているときは気分がいいものです。しかしながら、逆指値をしていないことから、いつ下がるかと心配で落ち着きません。仕事の最中も何度もスマホやパソコンで確認する始末でした。

同銘柄は6月3日には986・9円まで上昇しました。

けれども、好事魔多し、翌日、株価は急落したのでした。またしても狼狽《ろうばい》した私は、成り行きで大引けにて手仕舞いしました。

908・3円で売却。利益は15万3000円でした。先陣を務めた住友化学の損失はカバーできたものの、何とも割り切れない思いを抱きました。

なぜなら、前日の安値で「逆指値」さえしておけば959円で売れたはずであったからです。みすみす5万円も取り逃してしまったのです。

図表6-2　コンシェルディア・フィナンシャルグループ(7186)　日足／2024年4月～6月

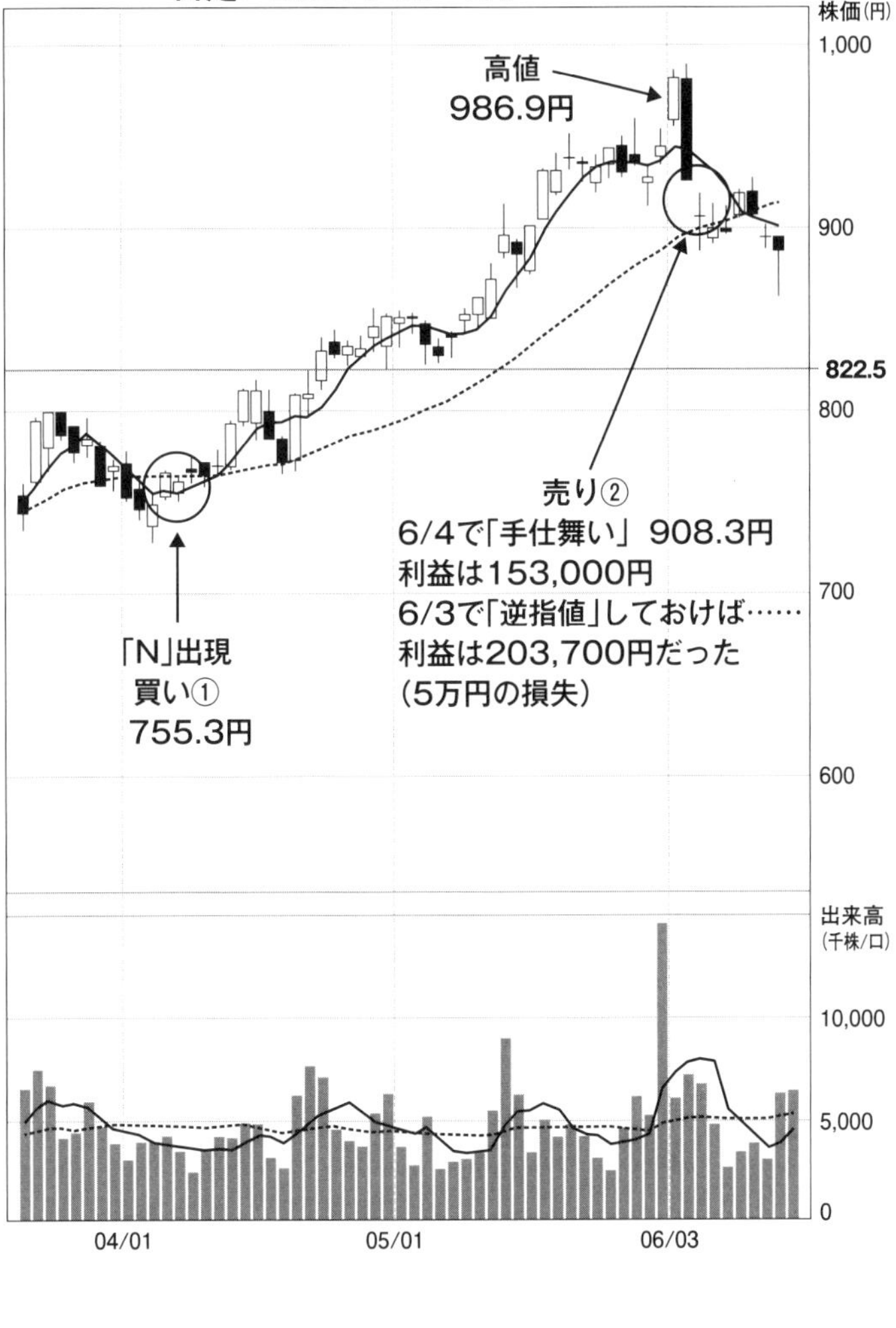

さらに、三番目に投資をした清水建設でも同じ思いをしました。

4月16日に880円で投資した後、株価は順調に上がり続けて、気分最高といいたいところですが、いつ利益を失うかと思うと内心はハラハラドキドキでした。（図表6-3参照）

それでも5月10日に1042円がついたとき、私はまさに有頂天でした。ところが、先のコンコルディア・フィナンシャルグループと同じように、3日後の13日に大幅下落を見ます。私は大急ぎで943円で手仕舞いしました。

収支は6万3000円のプラスと損はしませんでしたが、敗北感に打ちひしがれました。「金の投資を目指していたのに、ブリキの投資をしてしまった。ほんとうに情けない」というのが私の正直な気持ちでした。

あなたもうおわかりでしょうが、「逆指値注文」をしないことがどれだけ自分を不安にさせるのか、ひいては利益を取り逃がすことになるか。それを私は改めて痛感させられたわけです。

図表6-3　清水建設(1803)日足／2024年4月～6月

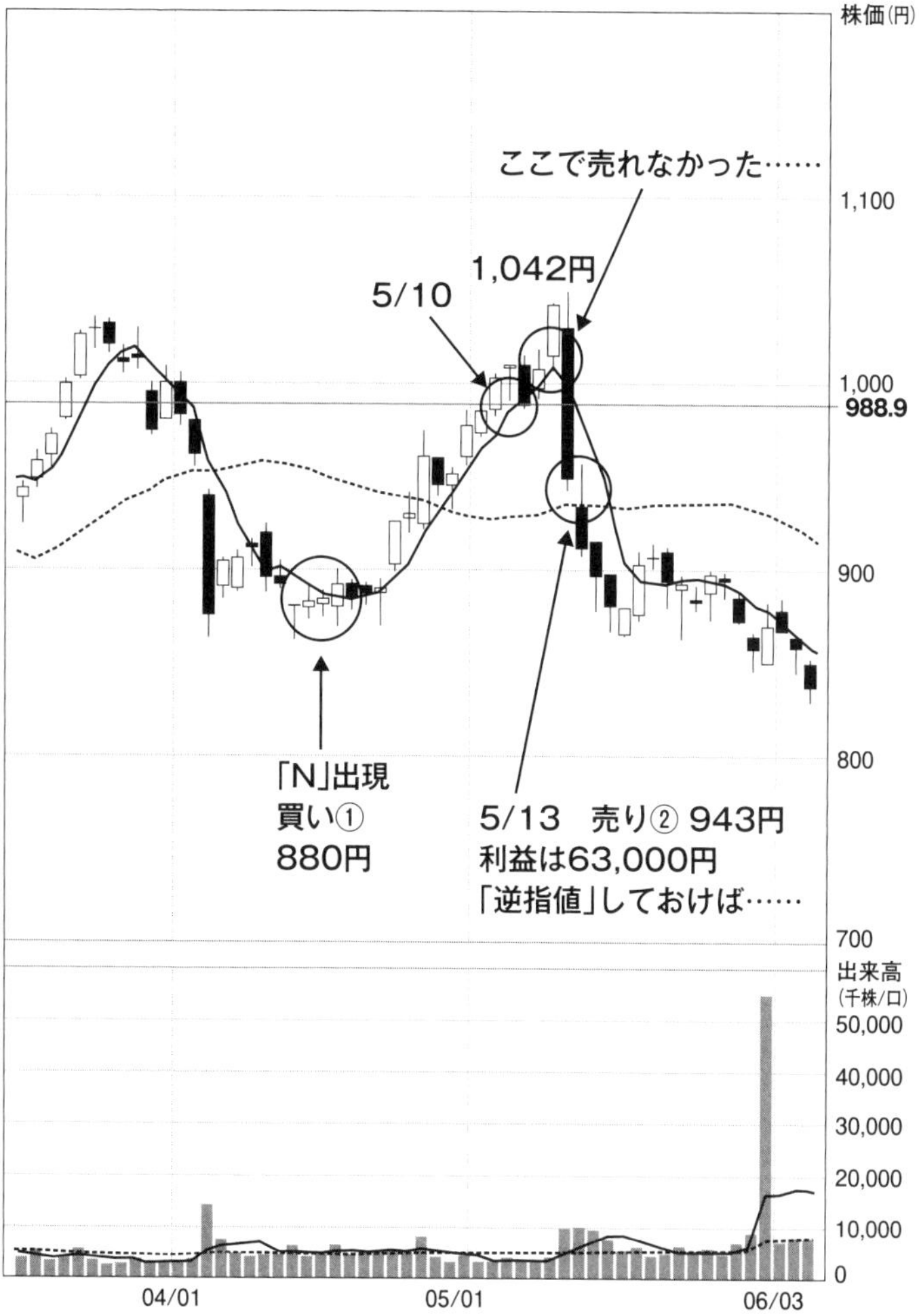

◆女神が勧める「貧者の投資手法」を再確認

いままでの成功体験が吹き飛んでしまった私は、女神の教えを守らなかったことを反省し、もう一度女神の教えに忠実に従うことを決心しました。そこで、女神に包み隠さず話そうと、東陽町に向かいました。

私の報告をじっと聞いていた女神は、静かな声でこういいました。

「せっかく金の投資家の入り口までたどり着いたのに、銀の投資家の二軍クラスに落ちてしまいましたね」

そして、こう続けたのです。

「ただし、あなたがなんとか銀の投資家を確保しているのは、チャートをその都度、確認していることです。そして、株価が下落した日にすぐ投げたことですね。あなたは、昨年、私が11月は決算の開示時期だから様子を見ながら行いなさいとアドバイスしたのを覚えていますか？　決算は３カ月ごとに到来するからです。あなたはそれについての覚悟はありましたか？」

私の心に動揺が広がっていきました。黙っていると、女神が確認してきました。

「下がった背景は、いずれも仕掛けた時期が決算開示ではなかったですか？」

表情をこわばらせた私に向かい、女神はこう念押ししてきました。

「決算月には決して仕掛けないこと。安全を確認しながら投資していくためには原則だと申し上げたはずですが……」

そこで女神は一度軽く咳払いし、「改めて、レジュメの内容を確認しましょう」と笑みを浮かべながら、私に向き直ったのでした。

「もう一度、いいますね。あなたに伝えたいのは、言い方に難はありますが、いわば貧者向け、プアーな人たちのための投資手法なのです。つまり、少ない投資資金をいかに確実に増やしていくのかを提案しているのです」

女神が語り始めます。

「世の中で支持される株式コメンテーターの持論や株式投資理論の多くは、ファンドマネジャーが書いたものが圧倒的に多いのです。でもそれは、あなたたちプアーな個人投資家には向かない手法なのです。どうしてかというと、戦略と戦術が乖離《かいり》しすぎているからです」

私が、どう乖離しているのかを尋ねたところ、女神は詳しく教えてくれました。

「具体的には、ファンドマネジャーの運用資金は、追加資金が用意されていて、投資資金が潤沢《じゅんたく》です。世の中には投資信託を長年積み立てていく投資手法を提唱する人も多くいますが、その積み立てている投資信託は換金しないことが前提です。要するに、余裕資金が潤沢にある人しかできない手法なのですね。つまり、あなたたちプアーな投資家とは条件がまるで異なるのです」

そうだ。なにより、われわれプアーな投資家には、常にキャッシュフローが必要なのだと、私はいまさらながら再確認させられました。

女神が優しい口調で続けます。

「プアーだけに、子どもの学費や急な出費などに対応するキャッシュが必要なのではありませんか？　事業運営に思わぬ資金が必要になることはありませんか？　常にキャッシュフローの準備をしているあなたたちと、ファンドや金持ち投資家と同じ投資手法でいいわけがないのです」

ああ、まさしく正論。こんな肝をなおざりにした己を恨《うら》めしく感じた瞬間でした。

女神はさらに続け、われわれレベルの投資の本質を改めて教えてくれました。

お゛ん？
TOPIX
プラプラ
逆指値注文宣誓書
さーせん…

「あなたたちプアーな投資家にとってもっとも大事なことは、いつでも戦える投資ができる態勢にあることです。逆指値注文は、確かに、株価の上昇をすべて獲得することは難しいかもしれません。けれども、常に再投資や新たな銘柄への投資に向かうことができます。

長期保有を前提とする投資手法では、キャッシュフローが潤沢でなければ、再投資も新規投資もすぐにはできないことが多いのではないでしょうか」

最後に、女神は反省しきりの体《てい》の私に対し、こんな言葉を投げかけてくれました。

「あなたのキャッシュフローが潤沢になったら、それにふさわしい投資手法を提案しましょう」

結論。私は逆指値注文を決して手放さないことをここに誓います。

◆少額投資に最適な方針を決定する

女神に話を聞いてもらったことにより、私は心機一転、新たな投資方針を決めました。自分には会社経営の仕事があるし、やはりそちらを最優先すべきで、仕事の邪魔になるような投資手法は御法度《ごはっと》なのだと素直に認めたからでした。
私が決めた大づかみな方針は次のとおりです。

〈投資方針〉

①投資候補銘柄を選択したからには、その銘柄のチャートをチェックする。
②チェックしたなかで「N」などのサインが出たものだけを選択する。
③3銘柄程度に絞り込み投資をする。
④逆指値注文を厳守する。
⑤逆指値注文に抵触した場合は、再投資タイミングを探るか、別の銘柄を選択する。
⑤値ぼれ（株価の安さのみを基準）をしない。ナンピン（難平＝含み損の状態で、さらに低い価格で買い増すことで平均取得価格を下げる方法）、買い下がりをしない。

私はこの投資方針を印刷して、小さな書斎の机の前に貼り出しました。これは新たな投資方針を打ち出した経緯を思い出すことから、存外に効果をもたらしています。

そしていまも私は大儲けはしないものの、着実に稼いでいます。

〝億り人〟になるには時間がかかりそうだけれど、それを目指して確実に近づいていると感じている次第です。

女神には感謝しかありません。

◆「S&P500」「日経225」にも投資

私は併行して「NISA」も始めました。

毎月10万円ずつと決め、女神のいうとおり、不動産を買う心持ちでもって、銘柄を決めました。

知ってのとおり、不動産投資のメリットは、インフレに確実に連動することに他なりません。株式投資でいえば、経済の成長に伴って株価が上昇する。その株価の上昇に連動するかどうかが、NISAの銘柄を決める判断基準だと考えたからでした。

ということは、指数連動型の投資信託しかあり得ないという結論にたどり着くしかありません。

私はアメリカの経済成長に賭けるつもりで「S&P500連動型」、日本の経済成長に期待して「日経225連動型」、そしてもう一つ、このところ万人受けしている「オールカントリー（全世界株式）」を検討対象にしました。

しかしながら、すぐに思い直しました。これではあまりにも安直なラインナップではないかという不安が頭をもたげてきたからです。そして次のように考えました。

ここはひとつ冷静に考えを巡らせてみるべきだろう。不動産といったって、東京や大阪、名古屋など都市部の価格は上昇しているが、地方はそうでもない。同じ地方においても、熊本や北海道の一部など半導体産業の誘致で活気が戻っている地域は好調だけれど、それ以外は依然としてパッとしない。

そうした凸凹を考えると、アメリカも日本も欧州もアジアの新興国もという枠組みの「オールカントリー」への投資は、結局はあぶはち取らずになるのではないか。

われわれは西側の資本主義社会に生きている。株式投資も投資信託投資も、資本主義のなかでしかまともには機能しない。それなら、そのど真ん中に投資をしなければ、成果は享受できないのではないか？

目論見書《もくろみしょ》には、リスクを分散すると記しながら、実は成長率や産業構造が次世代に対応していない欧州などの市場が加わっていることで、成果が減衰する危険性は高いのではないか。そう考えた私は、「オールカントリー」を選択から外しました。

それは東京の不動産価格を見てもわかります。中央3区と東側の区だけでも値上がり率の差は歴然としているのですから。

私は「S&P500」と「日経225」の連動型に決め、毎月5万円ずつ、計10万円ずつ積み立てています。

なぜ一度に投資しなかったのかは、私のビビり癖が原因です。要は「ドル・コスト平均法」（価格が変動する商品に対して、その変動リスクを抑えるため、常に一定金額を定期的に購入する方法）によりリスクを軽減したかったのです。

先にも説明したように、歴史が実績を証明するとおり、超長期において株価は必ず右肩上がりになるものです。人間が感情の動物であるかぎり、この現象もまた未来永劫に続くでしょう。暴落は「ドル・コスト平均法」を有利に導くのです。

あれこれ申し上げましたが、現状、私の投資ライフはおおむね順風満帆といえます。何しろ、仕事中にハラハラして肝心の仕事をしくじる懸念がなくなったのですから。

ところで、女神に紹介してほしい人がいれば、私はいつでも紹介するつもりです。

女神はいつでも微笑んでくれると思います。

ただし、そのチャンスはいつまでもあるわけではありません。

「幸運の女神には前髪しかない」

そんな格言があるくらいですから。

ここが成功のポイント

◎株価は突然急落する可能性がある。「逆指値注文」をしておかないと、不安感が高まり、ストレス過多に陥る。

◎企業の決算開示時期は、株価が不安定となるので、要注意。

◎値ぼれ（株価の安さのみを基準）をしない、ナンピンや買い下がりをしない。

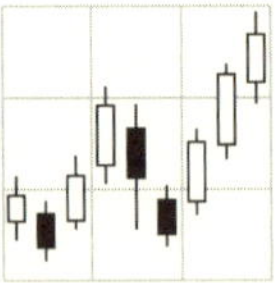

現代の株式相場に役立つ「格言」、
無用な「格言」!

第7章
番外編

覚えておきたい「投資の格言」の真偽について

- 自分の投資資金量に見合った「格言」とは何だろう?
- マスコミ報道に踊らされない「格言」とは何か?
- 『会社四季報』の読み方と注意点とは何か?

◇「投資の格言」の意味するところを理解しよう

先般、数カ月ぶりに女神のオフィスにお邪魔して、株式投資や株の歴史に関して貴重なレクチャーを受ける幸運に恵まれました。

何かの拍子に、東京証券取引所の傍《かたわら》にたたずむ兜《かぶと》神社の話になりました。

「歴史の本にはこう綴《つづ》られています。西暦940年（天慶3年）、承平天慶《じょうへいてんぎょう》の乱で平将門《まさかど》を討ち取った藤原秀郷《ひでさと》が、巨岩がある当地で将門の兜を地中に埋めて供養《くよう》したのが兜神社。ここが明治時代からは、日本の証券界の守り神とされてきました。ただ、この兜神社には常駐の宮司さえいないのですね。それで他所《よそ》からアルバイトの宮司が面倒を見ている始末です」

「そうですか。それは存じ上げませんでした。でも、ちょっとそれはまずいかもしれませんね」

それをきっかけに、株式投資にまつわる話はあちこちへと盛大に飛んだ挙げ句、2024年6月1日（土）の『日本経済新聞』朝刊付録「NIKKEIプラス1」で特集された「人生に役立つ投資格言」に行き着きました。

この付録はたまたまその場に私が持ち合わせていたものでした。当日の朝、掲載された投資格言13項目すべてに目を通したところ、私はどこか腑に落ちない、きれいごととして片付けているような印象を抱きました。そこでふと思いついて、女神専用の取材ノートにはさんでおいたのです。


女神は冷徹な物言いで、リストアップされた投資格言の底意を見事に解説してくれました。

「証券市場は、この40年間で大きな変貌を遂げました。お金（マネー）が移動する速度や自由さは、１９８９年のベルリンの壁の崩壊とその後に続くソ連邦の解体により劇的に変化しました。

つまり、お金がパンドラの箱から抜け出して、世界中に拡散したのです。そのことにより、世界経済の様相は一変しました。

お金は世界の隅々まで拡散して、世界中の『モノ』と『コト』をつなぐ手段として、国境を一気に越えることになったのです」

女神が続けます。

「証券取引をめぐる環境も変化しました。日本独自だとか日本固有のという仕組みや慣習は、他国からのお金の大量流入によって廃棄せざるを得なくなりました。要は日本市場は、お金の力で変貌させられたのです」

私が頷くと、さらに女神が言葉をつなぎます。

「加えて、インターネットの進化が、お金に力を与えています。われわれは運用手法やヘッジなど、ＡＩを駆使して生まれた多様なツールの恩恵に与《あずか》っています。ですから、必然的に、過去の商習慣や取引慣行から生まれたような格言は、変化せざるを得なくなったのです」

個人投資家にとっては、お金の力の増大とともに、ＩＴ技術の進化がおおいに寄与していると思います。

逆指値注文を駆使して、リスクヘッジができるようになろうとは、20世紀の投資家から見ればうらやましいかぎりではないでしょうか。

お待たせしました。女神の格言に対する考えは以下のとおりでした。

第1位　人の行く裏に道あり花の山

古くからある格言です。相場のなかではさまざまな「株屋さん」がいろいろな意見をいいます。しかし、我田引水《がでんいんすい》的な意見も多く、単純に信用してはいけないということでもあります。

自分自身の意見を持つ。たとえそれが多くの人とは異なる意見であっても、「裏に道あり」を信じて行うことで成功の道が開ける、という格言です。

とはいえ、単なる「ひねくれもの」では意味がありません。

「人の行く裏に道ありゴミの山」ということにならないためには、自分の意見を常に検証することが大事なのです。

第2位　強気相場は悲観の中に生まれ、懐疑の中で育ち、楽観の中で成熟し、幸福の中で消えていく

いかにも、投資の当事者ではない「評論家」や「詩人」が語りそうな言葉です。

「カラシニコフ流」投資手法を行えば、それほど長い時間が過ぎるあいだに何度か投資を行い、「楽観」のなかで消えていくときには「キャッシュ」が残っているはずでしょう。

第3位　頭と尻尾はくれてやれ

現実的に「頭」を捉えるためには、「チャート」を判断することが重要です。いかなる投資でも、最初の「買うタイミング」こそが最大のポイントです。尻尾は、「逆指値注文」に慣れてくれば自然とできるようになります。

これは、欲張らずに「ほどほどで」利益確定をしろという格言ですが、実は技術的には難しいことではありません。

第4位　卵は一つの籠に盛るな

投資資金が多い人はそうしてください。資金量は1億円以上を想定しています。それ以下の人は、「カラシニコフ流投資」で、コツコツ稼ぐほうが得策でしょう。

第5位　もうはまだなり、まだはもうなり

相場を「高い」「安い」ではなく「強い」「弱い」で考えることができれば、無縁の格言です。「まだ」も「もう」も個人の感覚のお話です。

チャートを見れば、反転しそうなのかどうなのかはすぐ理解できます。

第6位　相場は相場に聞け

「逆指値注文」は、「炭鉱のカナリア」と似ています。相場の転機が到来するまで「安値を切ることがない」「下値を切り上げていく」というお金特有の動きを最初に察知してくれるからです。

私は「逆指値注文」こそが「相場」だと考えています。**「相場のことは逆指値注文に聞け」**ということです。

第7位　相場は明日もある

相場は、初期段階ほど均衡点が定まらずに、ブレることが多くあります。すぐに逆指値に抵触することが多いのも、相場の初期段階です。一度や二度、逆指値に触れたからといって、くじけないことです。

第8位　買いは技術、売りは芸術

株を買うタイミングの見極めは、学習すれば身につくが、株を売るタイミングを見極めるには、センスや才能が必要とされるという意味です。

第9位　利食いは急ぐな、損急げ

逆指値注文に慣れれば、必然的にこの形になります。

これは、ファンドマネジャーが大量の資金を運用するときに、利益が出ている銘柄から「売りがち」になるのを戒《いまし》めた言葉です。

損を先に出したほうが運用はやりやすいのです。損が確定して、運用資金ができるからです。

第10位　二度に買うべし、二度に売るべし

これは、現代のシステムがなかった時代の投資手法です。

逆指値注文などのリスク回避手段がなかった時代は、少しでもリスクを回避するための手法として、複数に分けて売買することを行っていました。資金が潤沢にある人はやってみてもいいのではないでしょうか。

ただし、「戦力の逐次《ちくじ》追加」は戦術としてはあまりいい方法ではないと、私は考えています。

第11位　遠くのものは避けよ

自分が理解していないものには手を出してはいけない、ということです。「儲けたい」という欲だけが先行して、仕組みも中身もわからないものに手を出して大損することはよくあります。

第12位　落ちてくるナイフはつかむな

株価が下落過程の際、「もうそろそろ買いに出ていいのではないか」と考えて、投資をするのはやめるという基本的な考え方です。

第5位の「もうはまだなり、まだはもうなり」と同じ意味です。

投資資金が少ないときは、投資資金を最大限大事にすることです。自分の浅はかな「感情」で、大事な資金を棄損することは避けたいものです。

第13位　眠られぬ株は持つな

自信がなくて投資したものの、ハラハラする銘柄は投資するべきではないという格言です。当たり前すぎて、コメントのしようもありませんが、実は、個人投資家には必要な格言かもしれません。

自身で理解せずに、誰かにいわれたから、新聞に書いてあるからなどの曖昧な理由で投資をする人が多く、成果が出ている人が必ずしも多いとはいえないからです。

◆「落ちてくるナイフはつかむな」の真意とは

女神がこれらのなかで一番重要だと力説した格言は、第12位の「落ちてくるナイフはつかむな」でした。

「株価が急落しているときに買うと、さらに下がって損失が膨らむことがある。下がり切ったことを確認してから買ったほうがよい」とする『日経新聞』の解説が載っていましたが、この格言のほんとうの意味は違うと、女神はニヤリとしました。

「**落ちてくるナイフはつかむな。刺さってから抜け**。これなのよね」

記憶を手繰《たぐ》りよせるような顔つきになった女神は、こう続けました。

「株価が下がってくると、もういいだろうと思って、ついつい買いにいきたがるでしょう。けれど、ナイフが落ちてくる過程でつかみにいってはだめ、大怪我をするよという戒めなの。

ナイフが床に突き刺さってから、ゆっくり抜くべきだと、この格言は教えてくれています」

女神が含み笑いしながら頷きます。

「いかにもユダヤ人の格言らしいわね。ことの良し悪しは別にして、お金をいかに増やすかに命を懸けているのがユダヤ人でしょう。その点、日本人はとにかく脇が甘い。日本人は株で負けても命までは取られまいと思っているけれど、彼らは命よりもお金を優先しますから」

2024年7月に創業家の会長と社長が揃って引責辞任した小林製薬の株価などはその最たるものだろうと、女神は指摘します。

「ずっと業績がよかったのに、紅麹《べにこうじ》の不適切な管理や製品回収が遅れて死亡事件を起こした同社の株価は当然下落を見ました。はしこい人は同社の株価がすぐにリバウンドすると決めつけて買いにいった。ところが、そうはいかなかったでしょう。

おそらく買い手は、『**落ちてくるナイフはつかむな。刺さってから抜け**』の格言を知らなかったか、軽視していたんでしょうね」

この日の女神の口調はいつになく滑らかです。

「『落ちてくるナイフはつかむな』という格言は、多くの投資家に留意してもらいたい格言だと思っています。

なぜなら、株価が下がると、脊髄《せきずい》反射的に投資をしてしまう投資家がきわめて多いからです。成功する確率も一定程度ありますが、その場合は、一息おいて投資しても十分対応できることが大半ですから。

脊髄反射的な買い注文とは、その銘柄が『高い』ときに買ったのに、急に『安く』なったなど、『高い』『安い』の感覚によるものが大半です。そうした感覚になるのはなぜでしょうか?

各銘柄の状況や相場動向が、昨日までと同じように明日以降も継続するという根拠のない楽観に基づいているからだと、私は考えています。

賢い投資家は、よく考えます。そして待ちます。まして、少ない資金を運用する力ラシニコフ流投資家であれば、脊髄反射的な無邪気な投資をしている余裕はありません。

『慎重に、かつ大胆に』がわれわれの基本的なスタンスですが、『楽観』と『無謀』はしてはいけないことなのです」

◆『会社四季報』の読み方と決算時の注意点

珍しく興に乗じてか、女神は次のような持論を語り始めました。

「『会社四季報』（以下、四季報）は〝経済読み物〟としてはすばらしい出来栄えで、ケチのつけようがありません。

ただし、毎号の発刊時期ゆえに、情報の新鮮さは乏しい。それは遅行情報である四季報のある意味宿命といっていいでしょう。新たな四季報が出てくるまでに3カ月を要するのだから、無理もないのですがね。

四季報の情報が反映されるのは、新刊四季報が発刊された初日くらいといっても過言ではありません。その間に仮に決算が発表された企業があれば、決算数字と前期の差を確認するくらいの役割でしかないのです。私の言い方が厳しいかもしれませんが」

決算により、必ずその銘柄の株価は動く。

たとえば、2024年7月末から8月早々までの各上場企業の決算は際立った意味を持つのだと、女神は言及しました。

「理由は以下のとおりです。2024年5月の日本企業の決算発表を見ると、前期はおしなべて好業績でした。ところが、2025年3月期については、各企業は慎重に構えていました。今期はなかなか思ったほど伸びないかもしれないとする空気を醸成していると、私は捉えていました」

そうした予測を開示した企業がことのほか多かったのを受け、7月になると好調だった株式相場に急ブレーキがかかった格好となりました。女神が続けます。

「ただし、いうまでもなく、各銘柄の動き、株価の動きは千差万別でした。マーケットが試すのが2025年3月期第1四半期(2024年4~6月)でした。これだけの円安を追い風にそこそこ業績を伸ばしてきたのが、7月下旬に業績発表を行ったニデック(6594)で、株価はボーンと上がったのでした。

逆のケースも見受けられました。前期は業績が悪かった。だが、これでもうウミは全部出し切ったことから、今期はこれぐらい利益が出る、配当もする。そう発表した企業もちらほら見受けられましたが、そう簡単にマーケットは信用しません。だから、株価はずっと低迷したままでした」

そんな企業の代表の一つが住友化学（4005）だと、女神が示したのです。

「住友化学は2年連続の赤字決算でした。今期はようやく黒字転換し、配当も出すと発表したのに、マーケットから無視され、株価は低迷したままでした。株価が上がったのは、世界最大級の投資会社・米ブラックロックが同社の株を5％超持っていることを開示したことによるものでした」

その理由を女神が明かしてくれました。

これは目からウロコの視点で、私にはとても勉強になりましたし、これからも女神を信じていこうという思いを強くしました。

「マーケットに信用をもたらすのに、やはり日本の投資家たちは己に自信がないことから、ブラックロックのような黒船に頼るわけです。黒船がきちんと見てくれるかどうか。その判断はやはり決算時ということになるのです」

◇「カラシニコフ流」投資の最大の眼目は流通性にあり

ところで、この40年間で株式市場は大きな変化を遂げました。

その最大の変化は、「お金（マネー）」が世界中に溢れ、世界の主要市場であるアメリカ、日本、中国、欧州では、「お金」の動き次第で政治や経済の流れを左右するようになったことです。

日本もその大きな流れの渦中にあります。

日本がバブルといわれた時代は、日本国内の金融機関と証券市場という狭い範囲で過剰な取引が行われ、株価や不動産価格の異常な高騰が起きました。

現在は、そのときの資金量をはるかに上回る「お金」が日本市場に流入しています。具体例を示すと、バブル絶頂期における日本の1日の株式売買代金は2兆円弱でした。ところが、このところは通常レベルで6、7兆円にまで膨らみ、まさに資金の流れが巨額化しています。

つまり、投資銘柄や投資物件を検討する際には、まず、世界から流入している「お金」の規模に見合う対象かどうかが、最初に検討するべき事項になったのです。

そして、世界の「お金」がどのような志向で動いているのかを見極めなければなりません。

単に事業収益という熱を求めて動いているのか、そうだとすればその熱の〝熱さ〟はどの程度なのかを分析することが重要になりました。

40年前のように、日本国内だけの事情、個人投資家だけの感覚では動かない時代が到来しているのです。

しかし、そういう時代になったからこそ、「お金」の性質が鮮明になります。

株式市場にはわかりやすい指標がたくさん見て取れます。「チャート」はその典型的な事例です。

四季報は、読み物としては面白い情報源です。けれども女神がいったように課題もあります。それは四季報の時間軸が3カ月に一度なのに対し、株式相場は日々、分単位で動いていることです。情報のタイムラグがあるのです。

四季報の情報として「連続配当」などの資料があります。

連続配当を続ける会社は、きちんとした経営を行っている会社でもあり、尊敬できる会社です。

しかしながら、投資対象として、「カラシニコフ流」投資のように機敏な投資に向いているかどうかは必ずしもわかりません。

「カラシニコフ流」投資の最大の眼目は流通性にあり、いつでも換金できるか否かという点にあります。

株式の流通が潤沢でない銘柄では、想定通りの株価で売買できないこともあり得ます。

その観点を外さなければ、資金に余裕ができたときには「連続配当」銘柄のような優良銘柄を投資銘柄に加えてもいいと考えています。

◆株式投資とゴルフが似ているのはなぜか

ここまで女神の助けを借りて株式投資に挑んできた、私のつたない経験談を伝えさせていただきました。女神への多少の反発はあったにせよ、彼女からのレクチャー、バイブル、戒めなどがなければ、あのような成果は得られなかったはずです。

ここでは僭越《せんえつ》なのは承知のうえで、私なりの「金の投資」「銀の投資」「ブリキの投資」についてお話ししてみたいと思います。

私が改めてあなたに申し上げたいのは、多少なりともお金を儲けて資産を増やすには、相応の手間を惜しんではいけないということです。努力もせずにお金を黙って寝かせてお金儲けをしようとするのは、あまりにもムシがよすぎる。あり得ないことなのです。

「金の投資」「銀の投資」「ブリキの投資」を私の大好きなゴルフに喩《たと》えるならば、こうなります。

逆からいくと、要するに「ブリキの投資家」とは、長年ゴルフをたしなんでいるにもかかわらず、1ラウンドで100を切れないへぼゴルファーみたいなものなのです。

「銀の投資家」はそれよりはマシで、なんとか90台で回ってこられる。けれども、それで満足してしまい、以降まったく上達しない、スコアが低迷する人たちといえます。

そして「金の投資家」とは、「銀の投資家」レベルを凌駕《りょうが》し、楽々と80台で回ってくる。場合によっては競技ゴルフまで挑んでみようかな。そんなレベルまで研鑽《けんさん》を積む人たちのことです。

世の中のほとんどの投資家は「ブリキの投資家」にすぎません。ブリキレベル同士でいろいろと言い合い、足を引っ張り合って、なかなか進歩できていない。そんな二の足を踏んでいる人たちです。

巷間《こうかん》、株式投資とゴルフはよく似ているといわれます。なぜでしょうか? 株でもゴルフでも、いったん始めると、妙に他人の振る舞いに小うるさくなり、一家言《いっかげん》持ちたくなるのですね。

職場で誰かがひとこと言い出すと、必ず先輩で自称プロがしゃしゃり出てきて、「そのスタンスは間違ってる」「グリップはこうしたほうがいい」「アイアンは打ち込まなきゃだめ」などと、あらゆるお節介を焼いてくる。

それではその人がゴルフの達人なのかというと、せいぜい110前後だったりするのですから、お話になりません。

株式投資も一緒です。個人投資家として1回、2回くらいしか儲かった経験がないにもかかわらず、アドバイスをしたがる輩《やから》があまりにも多い。本来ならば、彼らは数少ない成功体験を自慢するよりも、経験した失敗体験を身につけて、自らのリスクに対処すべきなのです。

私の株式投資初陣編を読まれた方は、手堅くセオリーどおりにやっていれば、株式投資は儲かるはずということを理解されたのではないでしょうか。

最後になりますが、私流にまとめた「金の投資家」「銀の投資家」「ブリキの連中」のイメージをチャートで示します（**図表7−1、7−2参照**）。

金の投資家→ここまでと決めた銘柄を追いかけ、悠々と逃げ切ることができる人たち
銀の投資家→ここで買ってここでおしまい。それで終わってしまう人たち
ブリキの連中→相場の最終場面にのこのこ出てきて、マーケットに引っ掛けられる人たち

2023年10月～2024年8月）

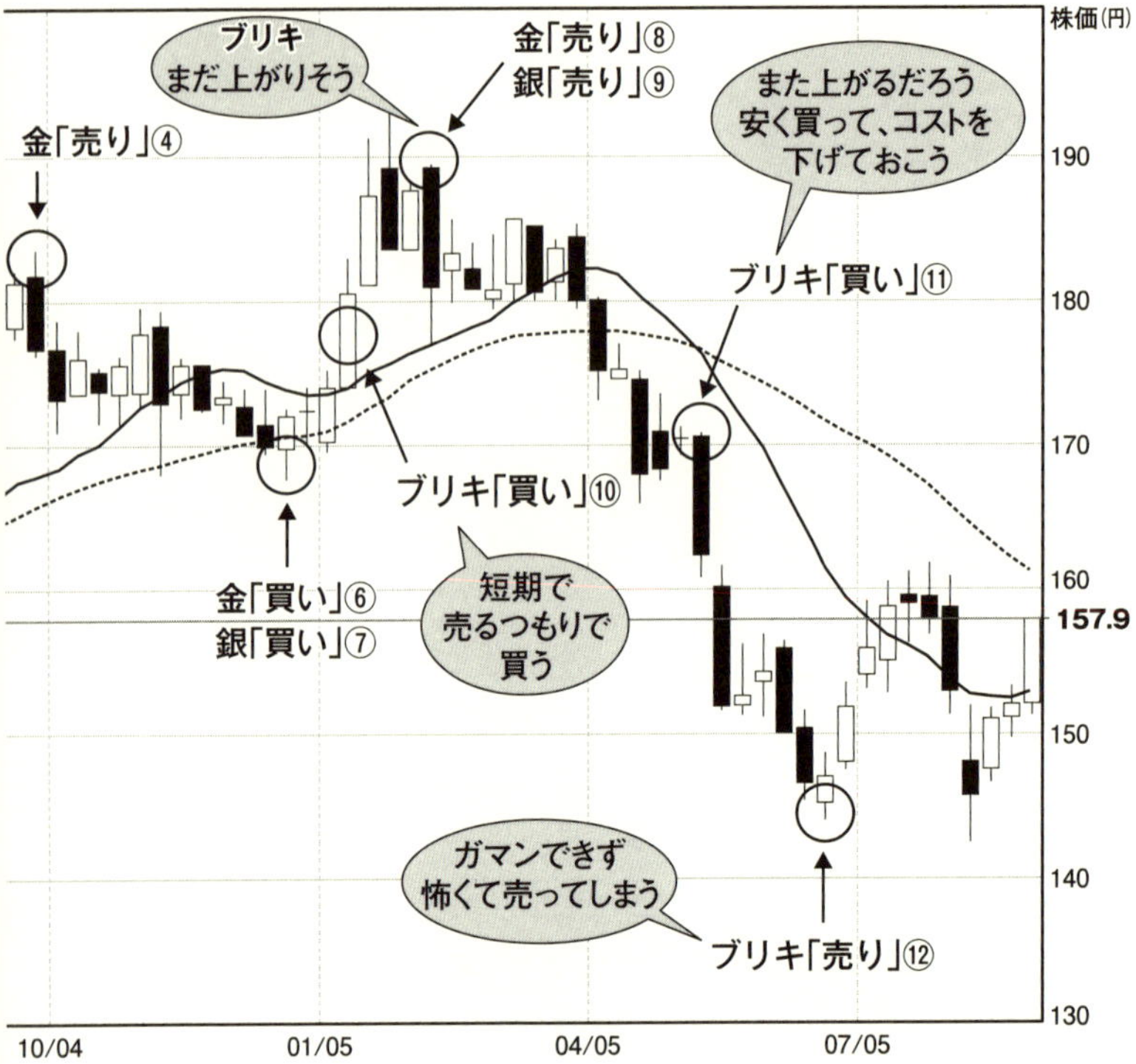

に見向きもしない→⑤または⑦で投資し、⑨で手仕舞い。

「ブリキの投資」は主体性がない。上がり出して『株探』やメディアが騒ぎだしたところで、乗り遅れまいと⑩で買い、定見がないので株価が下がると再び⑪で買い、大底の⑫で恐ろしくなって投げ売りする。

図表7-1 「金・銀・ブリキの投資」の例（日本電信電話［9432］週足／

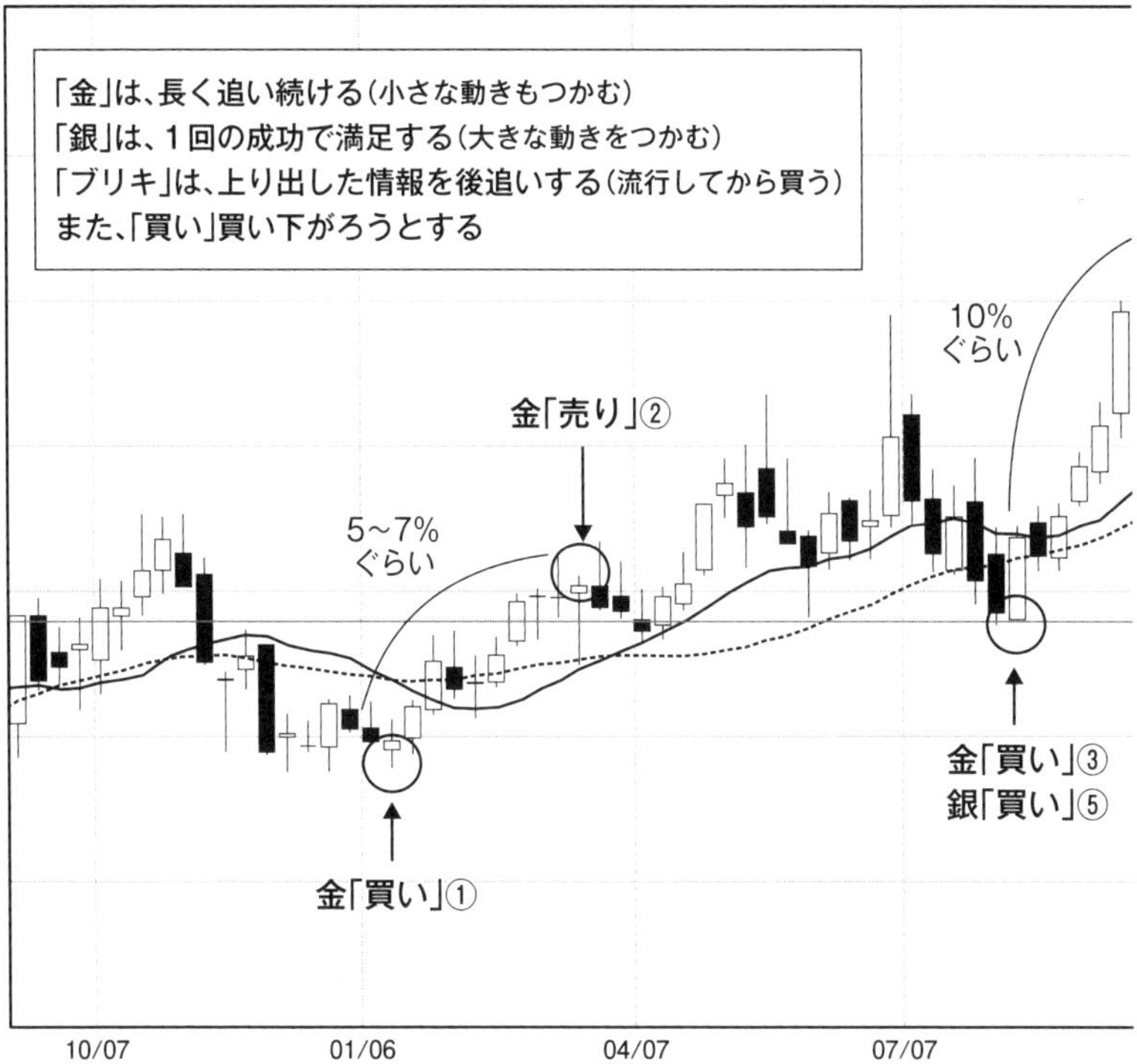

「金の投資」は、決めた銘柄のチャートの型ができたら投資をする→①③⑥は、その事例である。
「金の投資」は、「逆指定注文」でリスクヘッジを行う→②④⑧は「逆指定注文」で利益確定をした事例である。

「銀の投資」は、相場の動向を見て投資をする。株価が上昇してきたタイミングで投資を行い、高値で売る。その後は、その銘柄

[9501]週足／2023年10月～2024年8月）

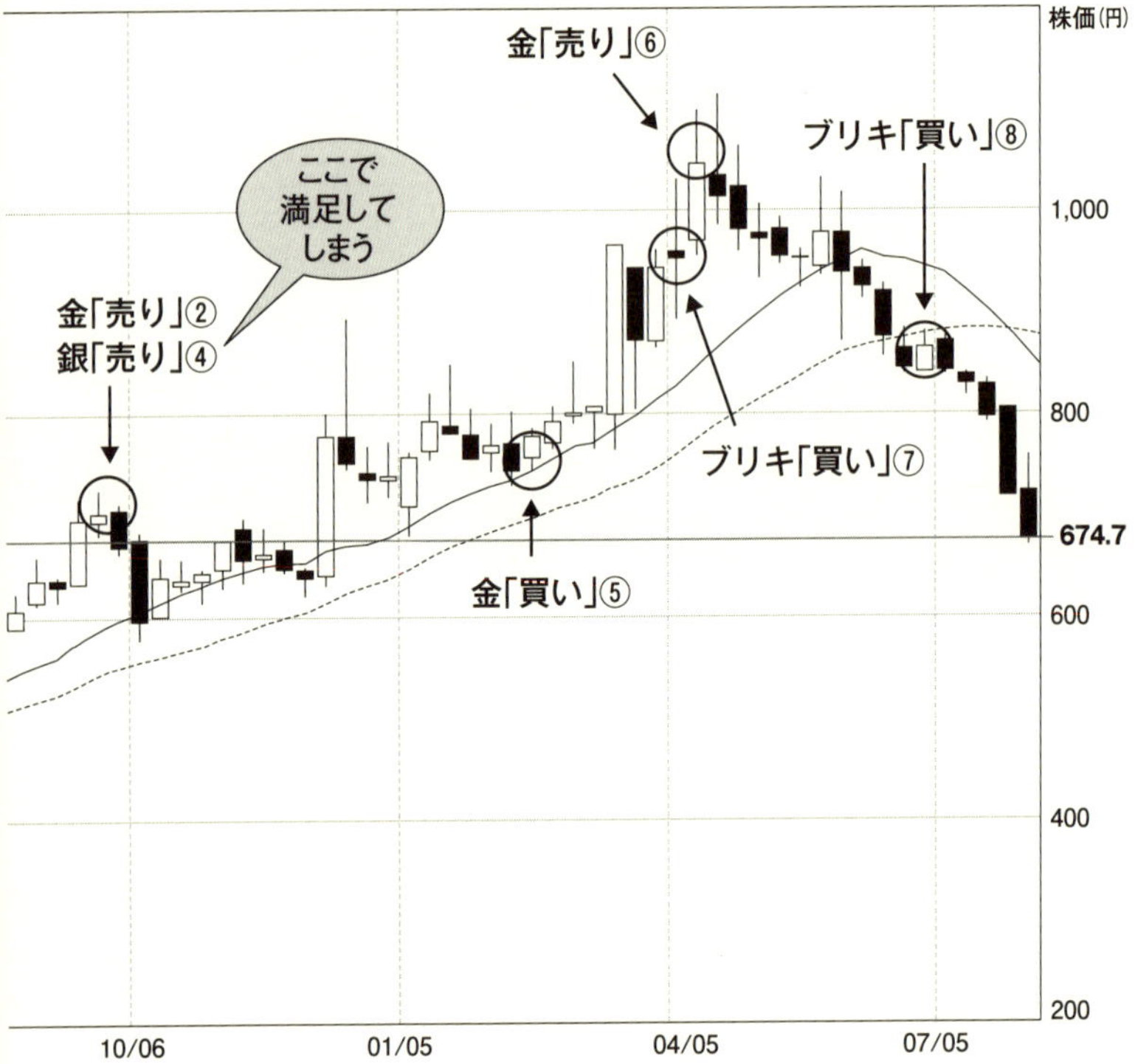

図表7-2 「金・銀・ブリキの投資」の例（東京電力ホールディングス

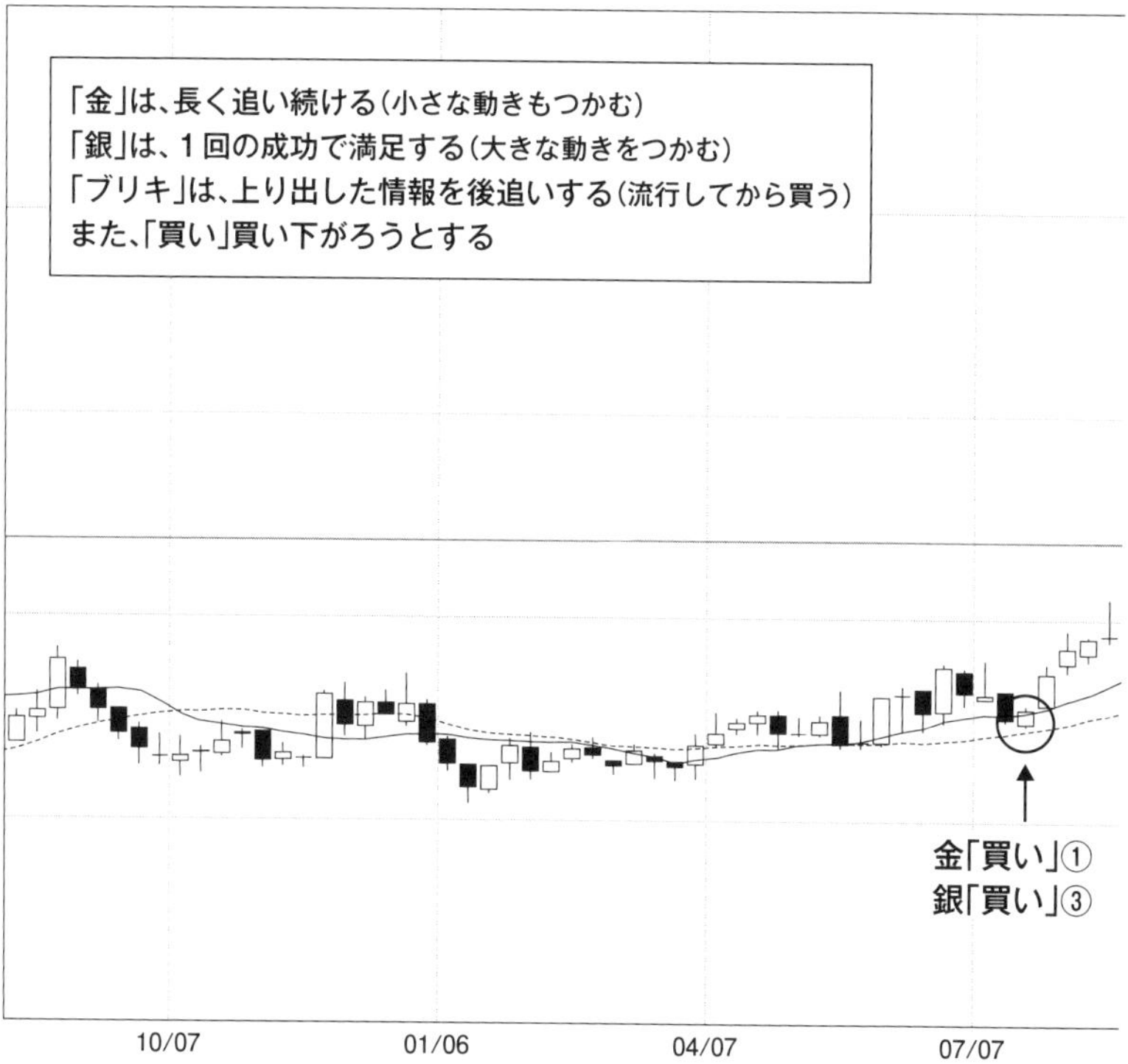

「銀の投資」は、相場の動向を見て投資をする。株価が上昇してきたタイミングで投資を行い、高値で売る。その後は、その銘柄に見向きもしない→③で投資し、④で手仕舞い。

ところが、「金の投資」は、同一銘柄で何度も利益を上げていく→⑤で投資し、⑥で手仕舞い。

ここで改めて、女神が教えてくれた「株式投資の３つの法則」を記して、あなたの投資の成功をお祈りいたします。

〈法則１〉予備軍を含めて30銘柄を常に選出し、相場の流れを見て変更を加える。

〈法則２〉選出銘柄のチャートを日々15分ほど閲覧し、「N字型」「W字型」など銘柄の転換点を見つけて投資する。投資した後は、「逆指値注文」をして投資資金の保全をする。

〈法則３〉クォーター（３カ月）ごとに投資資金の10％アップを目標とし、年間で40％アップ以上、２年間でおよそ手持ち資金が２倍となるようにする。

Good luck!

！ここが成功へのポイント

◎銘柄の状況や相場動向が、明日以降も継続すると楽観的に考えてはいけない。

◎少ない資金を運用する投資家は、「楽観」と「無謀」ではなく、「慎重」かつ「大胆」を基本スタンスにしよう。

◎投資銘柄の検討には、世界から流入してくる「お金」の規模に見合う銘柄かどうかを検討する時代になった。海外の大きな投資会社が日本市場で何を買ってくるかという情報は押さえておこう。

◎「株式投資の3つの法則」を実践して、「金の投資家」を目指そう。

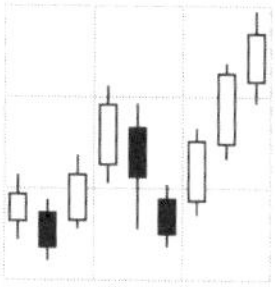

おわりに代えて

◇「大恐慌」「バブル崩壊」「リーマン・ショック」

「お金」は、「モノ」や「サービス」の交換の媒体として使われます。

そのため、お金とモノ・サービスは常に紐《ひも》づけられています。株式や債券などの有価証券といえども、その関係は変わりません。

株価や債券価格として表示されているのは、すべて紐づいているお金の〝量〟です。当然ながら、モノやサービスの価値が上昇したり下降したりするときには、紐づいているお金の数量も変化します。上昇時にはお金の数量が増え、下落時には数量が減少するというわけです。

つまり、モノの価値が極端に変動するときとは、この紐づけされているお金とモノやサービスの関係が極端な不均衡、もしくは崩壊していると考えるべきでしょう。

読者のなかには、ほんとうにそうかと思われる人がいるかもしれません。ここからは過去の相場の暴落を例に挙げて、その関係を明らかにしていきます。

誰もが知っている「大恐慌」とは、1929年10月に発生したニューヨーク株式市場の大暴落です。その最大の原因は、欧州からアメリカの株式市場に大量に流れ込んでいた投資資金が、イギリス主導の金利引き上げで一斉に欧州に還流したからでした。

まだ覇権国に上り詰めていなかったアメリカが、当時の覇権国であったイギリスから強烈なしっぺ返しを食らわされた。投資資金の急激な減少が過剰な信用取引で膨らんでいたニューヨーク市場を崩落させたのです。ダウ平均株価はピーク時の386ドルから約3年をかけて41ドルまで下落しました。その下落率はなんと89%にも及びました。

1989年の日本のバブル時はどうだったでしょうか。

特定金銭信託や個人投資家に対する大口融資、ノンバンクへの大口融資の多くが株式市場へ流れ込みました。ところが、1990年になると、政府や日銀の政策により、一斉にこれら投資資金の回収が始まりました。要は緩んでいた財布が一気に締め上げられたのです。

あとで説明しますが、益回りと債券利回りの大きな逆ザヤとなっていたのが当時の日本の株式市場でした。投資資金の急減になすすべもなく暴落の憂き目をみました。当時の金融機関の手のひら返しの姿勢や、その後の貸し渋りや貸しはがしは長く日本経済を停滞させました。投資より内部留保が極端に優先されたからです。何もかも資金の急速な枯渇が原因でした。

2008年9月に起きたリーマン・ショックは、少し様子が異なります。お金が大量に紐づけされていた「サブプライムローン証券」が、一瞬にしてマーケットから紙切れと評価されたのです。モノが紙切れになることで、紐づいていたお金の価値が喪失しました。

こうして振り返ってみると、リーマン・ショックの原因はモノ側にあったといえます。つまり、マーケットでの暴落は「お金」か「モノ」の価値のいずれかが急激に喪失することで起きるのです。

◆お金自身が喪失しないかぎり暴落は起きない

では、現在、アメリカ株式市場の「暴落」の原因はあるのでしょうか？

最大のリスクはアメリカの「商業用不動産」のローンと社債です。多くのアメリカの地方金融機関が融資に参加しているといわれています。

仮にこの商業用不動産の融資が一斉に破綻する、不良債権化するとなると、アメリカの金融機関にある程度の衝撃が走ります。

貸付残高を引き当てもしくは償却すれば、自己資本が不足する銀行が続出し、銀行破綻が起きる可能性があります。

救いは、「商業用不動産」が存在していることです。担保としてのモノが存在しているために、「サブプライムローン」のように紙切れになることはありません。政府保証も十分にありますし、また、すでにアメリカ政府もこの危機に対して準備をしています。

つまり、お金の数量が豊富にあり、モノ・サービスがきちんと紐づいているときは暴落は起きないはずなのです。もちろん「価値の修正」による水準訂正や、そのための調整という期間は必要です。

お金と紐づいているものが喪失するか、お金自身が喪失しないかぎり、暴落は起きることはない。私はそう考えています。

株価を「高い」「安い」で考えると、マーケットを見誤る、間違える。これまで私が幾度も繰り返してきたフレーズです。

株価水準が上昇してくると、巷ではバブルという言葉がたちまち浮上してきます。しかしながら、バブルという言葉の定義は、バブルを語る人それぞれで定まっていません。総括すると、安値からずいぶん上昇してきている、ということに尽きるようです。

これではモノの値段だけに拘泥して、その背景にある経済の拡大には目が向いていない。皮肉なことに、「バブル」だと喧伝《けんでん》する人が増えるほど、市場には慎重さが回復します。そして、相場はその慎重さに支えられて上伸することが多くなるのです。

バブルの定義はさまざまですが、私自身は「バブルとは、適正価値を合理的な説明ができないほど不均衡な価格で取引される状態」だと考えています。

価格を絶対的なものと捉え、「高い」「安い」で考えていると、自分が考えている水準以上に「高く」なると「バブル」だと喧伝しがちになります。しかし、それは違います。価格の上昇が価値の拡大と連動しているかどうかが問題なのです。価格が「高い」「安い」だけでバブルと判断することはできないのです。

経済が成長していれば、株式に代表されるモノの価値は上昇します。背景にある経済の動きを理解しないことには、その価値が適正であるのか否かは判断できません。

◇益回りと国債金利の金利差を判断基準に

株価がバブルであるかどうかを判断する基準の一つは「益回り（リターン）」です。

お金はきわめて合理的に動く性質を備えています。つまり、益回りが小さいほうから大きいほうに移動するということです。

1年間で、どのくらいの利益を生み出す可能性があるのか、それを株価と比較して利回りを計算するのが益回りです。

益回りは分母に現在の株価、分子に12カ月先の予想1株利益で計算します。たとえば、現在の株価が100円で、12カ月後予想1株配当が5円ならば、5%の益回りということになります。

この益回りと合理的な比較をされるのが「国債金利」です。

元本が保証された国債とリターンが期待されているだけの益回りですが、双方のリスクを考えると、益回りのほうが国債金利より高いのが合理的な状況といえます。

ここで私が何をいいたいのかというと、益回りと国債金利の金利差が、バブルになりつつあるのか否かの判断基準となるということです。

極端な例を紹介しておきましょう。日本の1989年のバブル時です。株式の益回りが1%台なのに対して、国債金利が8%というとんでもない逆ザヤとなりました。これこそがバブルでした。

かねてより、セールスの基本とは、極端なことをいって人を引きつけることだと語り継がれてきました。金融の世界においてはなおさらです。

自身の大事な資産を守るためには、自身がきちんとした判断力を持つことが不可欠です。改めて「バブル到来」を語る話には留意して当たるべきだと考える次第です。


ここまでお読みいただき、ありがとうございました。

本書を通じて私があなたに強く認識してもらいたかったのは、株式市場を含めて、世界のお金（マネー）の動きがこの40年で劇的に変わったということです。

改めてイメージを申し上げると、巨大な水槽のなかに、タライや洗面器がプカプカ浮いていて、そのなかに入っている水がチャプチャプ動いている。ところが、1990年を迎えると、水槽の水位が一斉に上昇してきて、浮かんでいたタライや洗面器がすべて水面下へと沈んだ。すべてのものが同じ水中に漂《ただよ》っているようになってしまった。つまり、これを市場に置き換えると、市場が一本化してしまったわけです。

日本については、この当時にはバブル崩壊という惨事があったため、この大変化に気づかない人が多かったはずです。

けれども、全世界的には１９９１年のソ連邦崩壊を契機に、お金の枠が一気に急拡大しました。お金が溢れ出るように世界中に向かっていった。それによりお金が紐づけされるモノやサービスや種類が圧倒的に拡大を遂げたのです。

したがって、１９９１年とはちょうどノアの箱舟の以前と以後のような、大きく世の中が変わる分岐点でした。つまり、いまはノアの箱舟以後の時代になります。

視点を変えると、お金の量が膨大になってきたので、お金の性質（キャラ）あるいは傾向をよりつかみやすくなってきたのです。私にいわせると、チャートがより有効になってきました。

市場が大きくなる以前は、小さな箱のなかでお金がぐるぐる回っていたせいで、さまざまなバブル現象が発生した、というイメージです。しかし、お金が一斉に溢れ出して、空気や水と同様、常にわれわれと接する状況になると、お金の性質や傾向が余計にわかりやすくなってきました。これは自明の理なのです。

つまり、お金は「熱のある方向」に動き出すわけです。ただ、一斉に動きすぎると、逆に熱を冷ましてしまう。だから、それを示すチャートの価値はより高まったということです。

同時に、お金の額が大きくなったことから、逆にいうと、額の小さな銘柄は次第に振るわなくなる時代になってきました。

われわれは、価値観を変えなければなりません。

増配を続けている企業は立派ですが、その一方で、アマゾンのように、株価があれだけ高いのに、配当を一度も行っていないスーパーカンパニーもあるのです。

いったいどちらが正しいのでしょうか？　あなたの価値観の転換によって、新しい時代が切り開かれることを期待します。

２０２４年11月

中野稔彦

※下記のＱＲコードを読み取ると、中野稔彦の「相場の深層レポート」と、「30銘柄の候補例」をご覧いただけます。

※本書で示した意見によって読者に生じた損害及び逸失利益について、著者、発行者、発行所はいかなる責任も負いません。投資の決定はご自身の判断でなさるようお願いいたします。

〈著者プロフィール〉
中野稔彦（なかの　としひこ）
槁本－investment代表委取締役（URL.https://h-i.co.jp）
1954年生まれ。1977年、北海道大学経済学部卒業後、大和証券入社。主として法人部門に勤務。資金運用、資金調達、子会社上場、M&A、IRなど法人に関する業務を担当。その後、大和企業投資に転籍し、ベンチャー企業の育成とファンドの創設を行う。
「株式市場の健全な発展が社会の発展につながる」を信念として、「個人投資家の支援」「上場会社のIR支援」を使命としている。
「市場は日々変化しており、すべての手法や考え方も変化すべきである」が持論である。
著書に『100の金言に学ぶ富と成功の原則』、共同執筆として『株鬼流最強の株式道場』『株鬼流最強の実戦道場』（いずれもかんき出版）がある。

装幀：河南祐介（FANTAGRAPH）
本文イラスト：ilaught（イラフト）
本文デザイン・DTP・図版作成・校正：メディアネット
編集協力：加藤鉱

株式投資で成功する人だけが知っている３つの法則

2024年11月26日　　初版発行

著　者　中野稔彦
発行人　太田　宏
発行所　フォレスト出版株式会社
〒162-0824　東京都新宿区揚場町2-18　白宝ビル７F
電話　03-5229-5750（営業）
03-5229-5757（編集）
URL　http://www.forestpub.co.jp

印刷・製本　萩原印刷株式会社

ISBN978-4-86680-297-8　Printed in Japan